Hans Kalt

Das Finanzkapital in Österreich

GLOBUS VERLAG WIEN

Alle Rechte vorbehalten
© 1985 by Globus, Zeitungs-, Druck- und Verlagsanstalt
Ges. m. b. H., Wien
ISBN 3-85364-158-X
Gesamtausführung: Globus, Wien

Vorwort

Die vorliegende Schrift behandelt ein lange vernachlässigtes Thema. Die Untersuchung des Finanzkapitals in Österreich ist notwendig geworden. Die Tatsachen selbst zwingen dazu. In den letztverflossenen zehn bis 15 Jahren ist in Österreich in überraschend großem Maß Finanzkapital — besonders in seiner zinsentragenden Form — akkumuliert worden. In der Epoche des Monopolkapitalismus entsteht aus der Verschmelzung der Industrie- und Bankmonopole das Finanzkapital. Die an der Spitze stehende Finanzoligarchie errichtet ein Kapitalmonopol. Mit Hilfe des Bankmonopols unterwirft sie das gesamte Kapital der Gesellschaft — bis zu den letzten Spargeldern — ihrem Kommando.

Das stark wachsende Gewicht besonders des zinsentragenden Finanzkapitals läßt jene Seite der Funktion des Finanzkapitals hervortreten, die zwangsläufig zu Interessenwidersprüchen zum real fungierenden Kapital führt. Die Funktion der Aneignung des Maximalprofits tritt beim Finanzkapital in ihrer reinsten Form auf. Das im realen Reproduktionsprozeß eingesetzte Kapital muß gleichzeitig den Ablauf dieses Prozesses sichern. Aus dem dabei von der Arbeiterklasse geschaffenen Mehrwert muß das real fungierende Kapital aber einen in den letzten Jahren rasch wachsenden Teil an das Finanzkapital als dessen Profit weitergeben. Dieser Widerspruch wird oft überdeckt durch eine Personalunion zwischen Eigentümern real fungierender Unternehmen und der Finanzveranlagungen, aber er wird dadurch nicht beseitigt.

Eine Reihe von Erscheinungen und Widersprüchen in Gesellschaft und Politik lassen sich erst bei Berücksichtigung der Entwicklung des Finanzkapitals überzeugend erklären: die Funktion der verstaatlichten und genossenschaftlichen Großbanken; die heute praktizierte Form der Übertragung von Mehrwert aus den verstaatlichten Betrieben zum Finanzkapital; das relativ hohe Gewicht des staatlichen und sozialpartnerschaftlichen Managements bei den Entscheidungsprozessen im Dienst der Finanzoligarchie; Entstehen und Stellung neuer gesellschaftlicher Zwischenschichten in Verbindung mit dem wucherischen Charakter des zinsentragenden Finanzkapitals; der Nährboden für die zunehmende Korruption; die Wurzeln der sich rasch verschärfenden Krise der öffentlichen Haushalte u. v. a.

Daß der Zeitpunkt der Veröffentlichung dieser Studie genau 75 Jahre nach dem Erscheinen von Rudolf Hilferdings „Finanzkapital" liegt, war nicht beabsichtigt, soll aber ausdrücklich vermerkt werden. Schon als Anerkennung für Rudolf Hilferding. Die Kluft zwischen den Auffassungen, die dieser österreichische Sozialdemokrat 1910 vertrat, und der heutigen Politik der SPÖ kennzeichnet deren Weg seither.

Da die Studie jeder wissenschaftlichen Überprüfung standhalten muß, kann sie auf einige komplizierte Berechnungen nicht verzichten. Das Bemühen um eine verständliche Darstellung, die Auflockerung durch Erläuterungen, Fußnoten, Tabellen und Graphiken lassen den Autor hoffen, daß möglichst viele Arbeiterfunktionäre sich in dieser komplizierten Materie orientieren können.

Schon jetzt bedanke ich mich für die wertvollen Hinweise, Präzisierungen und Informationen, die ich in den Monaten der Arbeit an dieser Studie erhalten habe. Vor allem gilt dieser Dank den Mitarbeitern der Wirtschaftspolitischen Abteilung und den Mitgliedern der Wirtschaftspolitischen Kommission des Zentralkomitees der KPÖ, wobei ich namentlich Genossin Dr. Rosemarie Atzenhofer und die Genossen Magister Josef Baum und Dr. Kurt Weihs anführen will.

Hans Kalt

Zum Geleit

Eine wesentliche neue theoretische Weiterentwicklung, die wir in unserem neuen Parteiprogramm zusammengefaßt haben, ist die wissenschaftliche Analyse des staatsmonopolistischen Kapitalismus und seiner Besonderheiten in Österreich. Wir können stolz darauf sein, sie ist die einzige in dieser umfassenden Form in unserem Land.

Gestützt auf diese Analyse haben wir wichtige Schlußfolgerungen für die Strategie und Taktik des Kampfes um eine antimonopolistische Demokratie gezogen, für „Sozialismus in den Farben Österreichs", auf der Grundlage der schöpferischen Anwendung der allgemein gültigen Grundsätze des Marxismus-Leninismus auf die nationalen Besonderheiten unseres Landes.

Wir sind uns aber gleichzeitig bewußt, daß die wissenschaftliche Analyse kein einmaliger Akt ist, sondern eine ständige Aufgabe unserer Partei sein muß. Auch in der Entwicklung des staatsmonopolistischen Kapitalismus in Österreich, der in den letzten Jahren durch zeitweilige zyklische Krisen und durch allgemeine strukturelle Dauerkrisen gekennzeichnet ist, treten neue Momente auf. Ein solches wesentliches Moment ist die Zunahme der Rolle des Finanzkapitals, sind die neuen Erscheinungsformen und Wirkungsweisen dieses Phänomens.

Dazu hat das Mitglied des Politbüros und Sekretär des Zentralkomitees unserer Partei, Hans Kalt, in der vorliegenden wissenschaftlichen Arbeit einen wertvollen Beitrag geleistet.

Möge diese Arbeit das Interesse aller daran Interessierten unserer Partei und auch über unsere Partei hinaus finden, die sie verdient. Möge sie auch Anstoß sein zu weiteren wissenschaftlichen Forschungen und schöpferischer Diskussion. Möge sie auch ein weiterer Impuls sein im praktischen, ideologischen und politischen Kampf, für die Herstellung von Aktionseinheit und Bündnissen, gegen dieses staatsmonopolistische Profitsystem, für Alternativen in Richtung einer antimonopolistischen Demokratie. Denn die heutige Rolle des Finanzkapitals ist ein noch stärkerer Ausdruck für den parasitären, verfaulenden und historisch überholten Charakter dieses Systems.

Franz Muhri

1. Kapitel

Die Entstehung des neuen Finanzkapitals

„Konzentration der Produktion, daraus erwachsende Monopole, Verschmelzung oder Verwachsen der Banken mit der Industrie — das ist die Entstehungsgeschichte des Finanzkapitals und der Inhalt dieses Begriffs." So definiert Lenin („Imperialismus als höchstes Stadium des Kapitalismus", Lenin, Werke, Bd. 22, S. 230). „Die Hauptaufmerksamkeit ist dem Beteiligungssystem zuzuwenden...", setzt Lenin fort (a. a. O. S. 231), „über das (Aktienmehrheiten, Trusts und Holdinggesellschaften, Schwindelgründungen und Machinationen) das Finanzkapital große Bereiche des realen Wirtschaftsprozesses unter seine Kontrolle bringt und riesige Profite auf Kosten aller anderen Schichten der Gesellschaft einstreift".

Wer sich in Österreich an eine Untersuchung des Finanzkapitals macht, stößt rasch auf einen Einwand: Wie kann man in Österreich seit 1945 von Finanzkapital sprechen, wie hätte hier eine finanzkapitalistische Verschmelzung von Industrie- und Bankkapital erfolgen können, wo wesentliche Teile der Schwerindustrie und die Großbanken verstaatlicht wurden und sind?

Im Österreich der unmittelbaren Nachkriegsperiode gab es natürlich kaum Finanzkapital. Eigentumstitel[1)] inländischer Gruppen waren entwertet oder mit Ausnahme direkter Eigentumspapiere an realen Unternehmen überhaupt außer Kraft gesetzt, annulliert. Eigentumstitel ausländischer Gruppen konnten nur (anfangs mit Ausnahme der deutschen) in geringem Umfang sofort (in den Besatzungszonen der imperialistischen Mächte) zur Geltung gebracht werden.

[1)]Eigentumstitel=rechtsgültiger Nachweis von Eigentum an realem Kapital, z. B. Aktien, Anteilscheine usw.

Lenin sagte in seinem Bericht über das Parteiprogramm an den VIII. Parteitag am 19. März 1919 u. a.: „Es ist eine falsche Verallgemeinerung..., wenn man den Finanzkapitalismus so darstellen wollte, als ob er sich auf keinerlei Grundlagen des alten Kapitalismus stütze" (Lenin, Werke, Bd. 33, S. 150/151), und später (S. 153): „... sind Imperialismus und Finanzkapitalismus ein Überbau über den alten Kapitalismus. Zerstört man seine Spitze, so tritt der alte Kapitalismus zutage."

1945 war mit dem Zusammenbruch des deutschen Imperialismus und seiner finanzkapitalistischen Herrschaft über Österreich dieser „Überbau" des Finanzkapitalismus in Österreich gründlicher zerrüttet als in fast allen anderen Industrieländern Europas mit Ausnahme der Volksdemokratien.

Die Verstaatlichung jener Sektoren, die angesichts der starken Kapitalentwertung (des Finanz- wie des realen Kapitals) in großem Maßstab anders gar nicht hätten wiederaufgebaut werden können, änderte nichts daran, daß insgesamt der Kapitalismus nicht angetastet wurde. Um mit Lenin zu sprechen: Die finanzkapitalistische Spitze war weitgehend zerstört, der alte Kapitalismus trat zutage. Mit allen seinen ökonomischen Gesetzmäßigkeiten: Konzentration und Zentralisation, Herausbildung neuer und Wiederherstellung alter Kapitalmonopole und der „Renaissance"[2] des Finanzkapitals.

Durch die Maßnahmen des Staates und später der Gremien der sogenannten „Sozialpartner" wurde der Prozeß bedeutend beschleunigt. Monopole der staatlich gelenkten Versorgungswirtschaft wurden direkt in neue Kapitalmonopole übergeleitet. Aus der verstaatlichten Industrie (in stürmischen Aufbauperioden ist die Schwer- und Grundstoffindustrie immer Zentrum der stärksten Kapitalakkumulation) wurden in der Wiederaufbauperiode rund zwölf Milliarden Schilling (damaliger Wert!) über die Preispolitik zur rascheren Akkumulation von Privatkapital umgeleitet.[3]

Die Monopolisierung ging über die Industrie hinaus, sie erfaßte den Agrarbereich, den Handel und Dienstleistungen.

---

[2] Renaissance=Wiedergeburt, Wiederentstehung.

[3] Siehe: „Gemeinwirtschaft — Aufgaben, Ausmaß, Argumente", Verlag Jugend und Volk, 1979, S. 36, wo 12,15 Md. S, davon 9,9 Md. direkte Preisbegünstigungen, der Rest Ablöselieferungen und Zahlungen, errechnet werden.

Dazu kam die volle Wiederherstellung alter Rechtstitel auch ausländischer finanzkapitalistischer Gruppen. Der Kampf dieser Gruppen um Durchsetzung aller Eigentumsansprüche wartet noch auf eine systematische Untersuchung. Bekannt ist der Druck des Erdölkapitals, das ein „Wiener Memorandum"[4] zur Wiederherstellung seines Einflusses durchsetzte. Bekannt ist die „Siemens-Lösung"[5] als Beispiel dafür, daß auch das deutsche Finanzkapital alte Positionen in Österreich wiedererlangte. Weniger bekannt sind die Entschädigungszahlungen und Verpflichtungen an frühere Aktionäre der verstaatlichten Banken und Industrieunternehmen.

Das heutige Finanzkapital in Österreich durch die Nachvollziehung des ganzen Prozesses seiner Entstehung in der Zeit der Monarchie, der Erschütterungen zwischen 1914 und 1945 und seiner Renaissance seit 1945 zu analysieren, ist sehr kompliziert. Die vorliegende Analyse stellt sich nicht diese umfassende Aufgabe. Sie geht von der Erfassung und Darstellung des heutigen Zustands aus.

Dabei muß man bei jenen vielen Hinweisen Lenins auf das ökonomische und gesellschaftliche Wesen des Finanzkapitals anknüpfen. Finanzkapital ist, wie das Kapital überhaupt, ein gesellschaftliches Verhältnis. Im Vorwort zu Bucharins Broschüre „Weltwirtschaft und

---

[4] Die multinationalen Erdölkonzerne hatten das in Österreich Anfang der dreißiger Jahre entdeckte Erdöl bis zum „Anschluß" an Hitler-Deutschland kaum erschlossen und ihre Rechte dann normal an das deutsche Kapital verkauft. Dennoch stellten sie nach 1945 „Wiedergutmachungsansprüche". Die Westmächte machten im Mai 1955 den Staatsvertrag mit Österreich von der „Regelung" der Ansprüche von Shell und Esso abhängig. Ohne die Öffentlichkeit von dieser Erpressung zu informieren, unterzeichnete die Bundesregierung am Tag vor der Unterzeichnung des Staatsvertrags das „Wiener Memorandum", durch das ein großer Teil der laut Staatsvertrag von der UdSSR an Österreich zu übergebenden Erdölwirtschaft sofort an Shell und Esso weitergegeben wurde. Österreich stand damals bei der Ölförderung an dritter Stelle in Europa. Die seither von diesen beiden Konzernen in Österreich erzielten Profite sind höher als alle von Österreich als Ablöse für deutsches Eigentum an die UdSSR erbrachten Leistungen.

[5] Der Staatsvertrag verbietet die Rückführung von ehemals deutschem Eigentum an das deutsche Kapital. Durch Einschaltung einer in der Schweiz ansässigen Siemens-Tochter umging der westdeutsche Siemens-Konzern diese Bestimmung. Die österreichische Regierung erkannte dies nicht nur an, sondern die Regierung Kreisky stimmte zu, daß wichtige Teile der verstaatlichten Elektroindustrie in die Neugründung „Siemens-Österreich" eingebracht wurden, die von Siemens mit 51% Eigentumsanteil beherrscht wird, während die ÖIAG (die Dachgesellschaft der verstaatlichten Industrie) nur 49% besitzt.

Imperialismus" (Lenin, Werke, 22. Bd., S. 103) schrieb Lenin im Dezember 1915: „Zum typischen Herrscher der Welt wurde nunmehr das Finanzkapital, das besonders beweglich und elastisch, national wie international besonders verflochten ist, das besonders unpersönlich und von der direkten Produktion losgelöst ist, das sich besonders leicht konzentriert und bereits besonders stark konzentriert hat, so daß buchstäblich einige hundert Milliardäre und Millionäre die Geschicke der ganzen Welt in ihren Händen halten."

Im Finanzkapital tritt die Kapitalfunktion in reinster Form hervor. Tätigkeit des Kapitaleigners im realen gesellschaftlichen Reproduktionsprozeß ist weggefallen. Wert- und Mehrwertschöpfung im realen Reproduktionsprozeß und Aneignung des Profits durch das Finanzkapital sind voneinander getrennt.

Nur mehr das Papier, der Rechtstitel gibt dem Eigentümer von Finanzkapital die Kontrolle über reale Unternehmen und Anspruch auf einen bestimmten Profit aus dem gesellschaftlichen Mehrwert. Für das Finanzkapital insgesamt sichert das die Macht über den realen Reproduktionsprozeß.

Hinter diesem Rechtstitel steht im Monopolkapitalismus ein neues ökonomisches Verhältnis: Das in Verbindung mit dem Monopolkapital entstandene Finanzkapital übt seinerseits das Kapitalmonopol aus. Seine stärksten Gruppen kontrollieren über die Banken nicht nur die Kapitalien kleinerer Kapitalisten und Unternehmer, sondern das Sparkapital aller Schichten der Bevölkerung bis zum Sparschilling des letzten Pensionisten. Dadurch kontrollieren sie mit Hilfe des Bankmanagements und ihrer Beteiligungen die gesamte reale Wirtschaft. Diese Kontrolle ist sehr konkret: Sie entscheidet über alle größeren Investitionen im Land, stellt die „Kreditwürdigkeit" der Unternehmer fest, entscheidet über die Zinsenhöhe usw. Alles ist dabei einem Zweck untergeordnet: Der Erzielung und Sicherung eines möglichst hohen dauernden Verwertungsgrades des Finanzkapitals.

Im staatsmonopolistischen Kapitalismus wird auch der Staat zum Werkzeug, das Monopol des Finanzkapitals zu sichern. Schaltstellen bei der Verwirklichung dieses Monopols bleiben aber die Banken.

Meist läßt sich aus der Herkunft und dem Werdegang der Bankspitzenmanager (auch in den verstaatlichten Banken Österreichs) der Faden zu einzelnen Gruppen des Finanzkapitals verfolgen. Manchmal sogar aus schwerwiegenden Einzelentscheidungen (wie etwa dem verlustreichen Einstieg der verstaatlichten CA[6] in die bereits dem Konkurs zustrebende Textil-Ost-Konstruktion[7] der Schoeller-Gruppe). Aber das Finanzkapital selbst ist außer in den Fällen direkter Machtausübung durch beherrschende Beteiligung an Kapitalgesellschaften weitgehend anonym. Die Schillinge tragen kein Mascherl. Sie können akkumulierter Reichtum einer Industriellenfamilie genauso sein wie Schleichhandelsprofit der Nachkriegszeit, sie können aus einem Bankraub genauso stammen wie von einem arabischen Ölscheich oder der Familie Rockefeller, sie können schließlich von den Banken und Sparkassen in Finanzkapital verwandeltes Spargeld Hunderttausender Sparer sein.

Hier ist eine Begriffsbestimmung hinsichtlich der Abgrenzung zwischen Leihkapital und Finanzkapital notwendig. Die bürgerliche Wirtschaftswissenschaft verwendet heute den Ausdruck Finanzkapital undifferenziert für veranlagtes Geldkapital. Nun ist ein einzelner gut verdienender Freiberufler, der ein — auch größeres — Geld- oder Wertpapierdepot bei einer Bank hält, kein Finanzkapitalist. Aber unter den Bedingungen des Monopolkapitalismus, der Verschmelzung von Industriekapital und Bankkapital, wird dieses Geld in der Hand der Bank zu Finanzkapital. Auch Lenin hat in mehreren Fällen im Monopolkapitalismus Kredite, Anleihen usw. dem Finanzkapital zugeordnet, durch die langfristige (bei Großgläubigern wechselseitige) Abhängigkeiten entstehen.

Ausdrücklich tat Lenin dies z. B. für die langfristige Hypothekarverschuldung[8] amerikanischer Farmer (siehe „Neue Daten über die Entwicklungsgesetze des Kapitalismus in der Landwirtschaft", Lenin, Werke, Bd. 23, S. 89).

Immer wieder geht Lenin auf die Bedeutung der Staatsschulden für die Entwicklung des Finanzkapitals ein. Im „Zusammenbruch der II.

---

[6] CA=Credit-Anstalt, die größte Bank Österreichs, zu 60 Prozent in Staatseigentum (siehe das Kapitel über die Banken).

[7] Die Familie Schoeller versäumte Ende der sechziger Jahre die Umstellung mehrerer ihr gehörender Textilfabriken in Niederösterreich auf die Bedingungen des verschärften Konkurrenzkampfes mit Billigimporten. Erst zu spät versuchte sie eine Zusammenfassung und Umstrukturierung dieser Betriebe. Durch die nachfolgenden Bankrotte ging der dazu von der CA vorgestreckte Kredit weitgehend verloren.

[8] Hypothekarverschuldung=Verschuldung gegen Verpfändung von Grundbesitz.

Internationale", geschrieben 1915, lesen wir z. B. (Lenin, Werke, Bd. 21, S. 222): „Imperialismus ist die Unterordnung aller Schichten der besitzenden Klassen unter das Finanzkapital..." Dazu zitiert Lenin als Erläuterung Dr. Ernst Schultze aus „Das französische Kapital in Rußland" aus „Finanzarchiv", Berlin 1915, Jahrgang 32, S. 127, „daß 1915 der Gesamtbetrag der Wertpapiere in der ganzen Welt, einschließlich Staats- und Kommunalanleihen, Pfandbriefen[9], Industrieaktien, Obligationen[10] usw., auf 732 Md. Franc geschätzt wurde..."

Für Lenin ist auch völlig klar, „...wie sich in der Epoche des Finanzkapitals private und staatliche Monopole miteinander verflechten und die einen wie die anderen in Wirklichkeit bloß einzelne Glieder in der Kette des imperialistischen Kampfes zwischen den großen Monopolisten um die Teilung der Welt sind" (aus „Imperialismus...", Lenin, Werke, Bd. 22, S. 255).

Die Zahl der Hinweise Lenins auf die Bedeutung der Staatsschulden für das Finanzkapital ist so groß, daß keine weiteren angeführt zu werden brauchen. Immer wieder geht es dabei auch um die französischen Anleihen an das zaristische Rußland und ihre Folgen auf beiden Seiten. In Rußland in Form des Herauspressens der Zinsen aus der Bevölkerung, in Frankreich in der Tendenz zum Entstehen des Wucherkapitals, einer Schicht von den Zinsen dieser Anleihen lebender Rentiers.[11]

Dabei war dies erst der Anfang einer Entwicklung, die heute in Form der internationalen „Schuldenkrise" mehr als zwei Milliarden Menschen niederdrückt.

Staatliche Eingriffe erfolgten zu Lenins Zeit als Folge der außerordentlichen Anstrengungen beider Seiten der imperialistischen Mächtegruppierungen bei ihrer gegenseitigen Zerfleischung während des ersten imperialistischen Weltkriegs. Die Höhe der Staatsschulden selbst am Ende des ersten Weltkriegs, ja sogar die von Lenin angegebene Gesamthöhe aller Wertpapiere im Jahr 1915 erreichte

---

[9] Pfandbriefe = durch Hypothekarkredite der ausgebenden Banken gedeckte, festverzinsliche Wertpapiere.

[10] Obligationen = durch das Vermögen des Ausgebers gedeckte, festverzinsliche Wertpapiere.

[11] Rentier = Bezieher eines regelmäßigen und festen Einkommens aus den Zinsen von Wertpapieren und Veranlagungen.

nicht den Wert der heute angehäuften Staatsschulden. Allein die amerikanische zentrale Staatsverschuldung hat gegenwärtig rund 1,3 Billionen Dollar erreicht (zusammen mit den regionalen Schulden 1,9 Billionen). Das ist — selbst unter Berücksichtigung des heute niedrigeren Dollarwerts — schon mehr als Lenin 1915 insgesamt an Wertpapieren festgestellt hat.

Wesentlich ist bei Lenins Finanzkapitaldefinition aber der Zusammenhang mit der Entwicklung des Monopolkapitalismus und Imperialismus.

Schon vor Lenin hatte der österreichische Sozialdemokrat Rudolf Hilferding die Entstehung und Ausdehnung des Finanzkapitals analysiert.[12] Lenin bezieht sich mehrmals und im Wesen positiv auf Hilferdings Arbeit. Etwa indem er die kurze Definition Hilferdings wiedergibt, das Finanzkapital ist „Kapital in der Verfügung der Banken und in der Verwendung der Industriellen" (R. Hilferding „Das Finanzkapital, S. 306, zitiert in Lenin, Werke, Bd. 23, S. 230). Von der heutigen österreichischen Sozialdemokratie wird Hilferding und seine Studie über das Finanzkapital so gut wie vollständig ignoriert.

Bevor wir uns der konkreten Situation in Österreich zuwenden, muß eine wichtige Seite des Begriffs Finanzkapital in Erinnerung gerufen werden: Finanzkapital ist auch der Inbegriff des von Marx so genannten **fiktiven** Kapitals.

Lenin schreibt im „Imperialismus..." (Lenin, Werke, Bd. 22, S. 242): „Die Trennung des Kapitaleigentums von der Anwendung des Kapitals in der Produktion, die Trennung des Geldkapitals vom industriellen oder produktiven Kapital, die Trennung des Rentners, der ausschließlich vom Ertrag des Geldkapitals lebt, vom Unternehmer und allen Personen, die an der Verfügung über das Kapital unmittelbar teilnehmen, ist dem Kapitalismus überhaupt eigen. Der Imperialismus oder die Herrschaft des Finanzkapitals ist jene höchste Stufe des Kapitalismus, wo diese Trennung gewaltige Ausdehnung erreicht. Das Übergewicht des Finanzkapitals über alle übrigen Formen des Kapitals bedeutet die Vorherrschaft des Rentners und der Finanzoligarchie..." (Wir würden heute statt dem Ausdruck „Rentner" eher den des „Rentiers" verwenden. H. K.)

[12] Rudolf Hilferding: „Das Finanzkapital — Eine Studie über die jüngste Entwicklung des Kapitalismus", 1910, Zitate aus der Neuauflage des Dietz-Verlags Berlin, 1947.

Finanzkapital besteht wie jedes fiktive Kapital nicht doppelt, nämlich als Wertpapier (Aktie, Anteilschein, Obligation usw.) und gleichzeitig als reales Kapital. Die Papiere, die die Rechte und Ansprüche des Kapitaleigners verbriefen, sind mit Ausnahme von Mehrheitsbeteiligungen nur Anweisungen auf Gewinnteile, die entweder aus dem real ablaufenden Reproduktionsprozeß aus dem Kapitalgewinn zu zahlen sind, oder aber aus zukünftigen Abgaben- und Steuerleistungen im Fall von Staatsschuldverschreibungen geleistet werden müssen. In ersterem Fall besteht das reale Kapital nur einmal, in letzterem Fall überhaupt nicht mehr, da es ja für die Leistungen des Staates — z. B. für Rüstungen, aber auch für soziale oder kulturelle Aufgaben — verbraucht worden ist.

Diese Papiere berechtigen zum Bezug eines Teils des im Reproduktionsprozeß des gesellschaftlichen Realkapitals von den Arbeitenden geschaffenen gesellschaftlichen Mehrwerts.

Marx stellt dazu fest: Der Wert dieses fiktiven Kapitals wird daher weitgehend unabhängig vom realen Kapital reguliert. Im „Kapital", 3. Band, S. 486[13] schreibt er: „Alle diese Papiere stellen in der Tat nichts vor als akkumulierte Ansprüche, Rechtstitel auf künftige Produktionen, deren Geld- oder Kapitalwert entweder gar kein Kapital repräsentiert, wie bei den Staatsschulden, oder von dem Wert des wirklichen Kapitals, das sie vorstellen, unabhängig reguliert wird."

Die jüngste Entwicklung hat die Richtigkeit dieser letzten Feststellung besonders drastisch bestätigt. Die jüngste zyklische Krisenphase des realen Reproduktionsprozesses (1980 bis 1983) führte nicht mehr wie üblich auch zu einem Sinken der Zinsen. Diese stiegen vielmehr in ungewöhnlichem Maß an. Dank dem Kapitalmonopol und dem Einfluß des Finanzkapitals auf die Regierungen wurde die ökonomische Tendenz zum Sinken der Zinsen als Folge der Überakkumulation von Kapital in der Krisenphase in das Gegenteil verkehrt. Die Wendung der amerikanischen Regierungspolitik zu einer Phase der Hochrüstung mit explodierenden Budgetdefiziten hat zu einer solchen Kapitalnachfrage geführt, daß die Zinsen am Tiefpunkt der Krise einen Höhepunkt erreichen konnten. Das war schließlich auch mitentschei-

---

[13] Zitate aus dem „Kapital" aus der Marx-Engels-Werke-Ausgabe 1964—1970 des Dietz-Verlags.

dend, daß diese Krisenphase so lang dauerte und die Erholungsphase — im Weltmaßstab — so schleppend und ungleichmäßig verläuft.

Wert und langfristige Sicherheit der riesigen Menge umlaufender Wertpapiere stehen im engen und direkten Zusammenhang mit den politischen Entscheidungen der Regierungen, besonders jener der stärksten imperialistischen Mächte. Das Finanzkapital kann in seiner jetzigen Entwicklungsphase nur noch im Rahmen des staatsmonopolistischen Kapitalismus und dank dessen ständiger Eingriffe und Regulierungsmaßnahmen zugunsten des Finanzkapitals existieren.

Dies ist auch jenen voll bewußt, die in ihrer politischen Agitation sehr viel über angeblich „zuviel" Staat wettern. So gab es zum Beispiel keinerlei ernsten Widerstand, als im Frühjahr 1984 die achtgrößte Bank der USA, die Conill-Bank in Chicago, in Schwierigkeiten geraten war und zu ihrer Rettung praktisch sogar verstaatlicht wurde.

Auch unter der Reagan-Administration war es selbstverständlich, daß die staatliche Bankversicherung unter Aufwand vieler Milliarden Dollar die Bank de facto in ihr Eigentum übernahm. Am Rand gab es dabei eine kennzeichnende Pointe: Die Einleger der Bank wären dem Gesetz nach bis zu einer Höhe von 100.000 Dollar (also mehr als zwei Millionen Schilling) gegen Zahlungsunfähigkeit der Bank versichert gewesen. Aber die Versicherung übernahm von sich aus die Verpflichtung zur Rückzahlung auch der höheren Einlagen. Gerade die großen Einleger durften nicht zu Schaden kommen!

Das alles geschah nicht aus Nächstenliebe. Wäre die Conill-Bank zahlungsunfähig geworden, dann hätte das die gesamte mittlere Schicht amerikanischer Anleger aufgescheucht. Alle amerikanischen Banken sind in größerem oder geringerem Maß an den riesigen, zum großen Teil in Wirklichkeit schon uneinbringlichen Veranlagungen vor allem in Lateinamerikas Schwellenländern beteiligt. Der Zusammenbruch einer Großbank hätte zur allgemeinen Vertrauenskrise und damit zum Zusammenbruch weiterer Banken, ja sogar des ganzen Finanzsystems führen können. Das mußte „um jeden Preis" verhindert werden.

Daß diese plötzliche Krise einer der größten Banken in eine für die USA unbestrittene Aufschwungphase fiel, zeigt ebenfalls, in welchem Maß die Entwicklung des realen Reproduktionsprozesses und die Bewegungen in der finanzkapitalistischen Sphäre voneinander unabhängig verlaufen.

2. Kapitel

Finanzkapital in Österreich heute

a) Aktienkapital

Die erste Frage ist: In welchem Umfang tritt in Österreich Kapital in der besonderen Form des Finanzkapitals auf? In Verbindung damit: Wie entwickelt sich dieser Umfang im Verhältnis zum gesamten Kapital? Welcher Teil der in der Gesamtwirtschaft erzielten Profite nimmt die Form von Gewinn des Finanzkapitals an?

Daten über Struktur, Mechanismen und Gewinne des Kapitals sind in Österreich nahezu Staatsgeheimnis. Authentische Zahlen darüber gibt es fast nicht. Man muß vieles aus für andere Zwecke zusammengefaßten Zahlen errechnen, fallweise sogar schlußfolgern. Die Suche nach den Spuren des Finanzkapitals und seinen Profiten erinnert so manchmal an ein Kriminalrätsel. Vergleichbar etwa mit der Suche nach der Antwort auf die Fragen, ob Ludwigs Landes-ÖVP WBO-Millionen[1] bekommen hat oder ob Androsch bei seinem Villenkauf Steuern hinterzog.[2]

Wir machen uns dennoch auf die Suche. Wir beginnen mit der Aktie. Sie stand an der Schwelle der Entwicklung des Finanzkapitals.

Eine Zusammenfassung über den tatsächlichen Wert des gesamten Aktienkapitals in Österreich gibt es nicht. Die offizielle Statistik erfaßt den nominellen Wert des Aktienkapitals. Im letzten vorliegenden „Statistischen Handbuch der Republik Österreich 1983" werden (ein-

---

[1] Beim Bankrott der burgenländischen Siedlungsgenossenschaft Wohnbau Ost (WBO) stellte sich heraus, daß aus Siedlergeldern Millionenbeträge der ÖVP zugeflossen waren. ÖVP-Landeshauptmann von Niederösterreich Siegfried Ludwig verschanzte sich hinter seine Landtagsimmunität, um die gerichtliche Untersuchung der Frage zu verhindern, welche Beträge dabei der ÖVP Niederösterreichs zuflossen.

[2] Nach seinem Ausscheiden als Finanzminister erfolgte gegen Hannes Androsch eine gerichtliche Voruntersuchung in dieser Sache.

schließlich der verstaatlichten Unternehmen) für 1982 72,8 Milliarden Schilling Aktienkapital errechnet. Laut „Länderbank-Report" vom Juli 1984 betrug das Kapital der österreichischen Aktiengesellschaften Ende 1983 76,7 Milliarden Schilling. Das ist ein erklecklicher Betrag. Zum Börsenkurs wären die Aktien insgesamt noch höher zu bewerten. Der Wert der „guten" Aktie gleicht den eventuellen Verlust bei „schlechten" bei weitem aus.

Nachdenklich macht eine Zusammenstellung im „Handbuch". Hier werden alle veröffentlichten Jahresabschlüsse österreichischer Aktiengesellschaften mit Ausnahme der Geld- und Versicherungsinstitute „addiert". Die Methode ist problematisch. Dennoch ist aufschlußreich, daß sich für 1981, dem letzten vorliegenden Ergebnis, für insgesamt 389 Aktiengesellschaften herausstellt:

Die aktiven Aktiengesellschaften (also die mit Gewinn abschließenden) wiesen zusammen einen Gewinn von 2,9 Milliarden Schilling aus.

Die passiv abschließenden haben zusammen einen Verlust von 10,3 Milliarden Schilling.

Keine Angst, arm wurden die Aktionäre dennoch nicht. Zumindest 2,4 Milliarden Schilling vorzeitige Abschreibungen und 6,4 Milliarden Schilling Zuweisungen an Rücklagen müssen natürlich als Gewinnteile betrachtet werden.

Dividendenzahlungen dieser Aktiengesellschaften erfolgten insgesamt in Höhe von 2,05 Milliarden Schilling. Das ist viel — es war schließlich ein Krisenjahr. Aber die Volkseinkommensrechnung weist für 1981 insgesamt Gewinneinkommen von 207,2 Milliarden Schilling aus.

Die Bilanzgewinne der Aktiengesellschaften und die daraus gezahlten Dividenden stellen also keinen entscheidenden Teil der Gewinne des Finanzkapitals dar. Das darf nicht davon ablenken, daß das Aktienkapital und die Kapitalgesellschaften überhaupt weiterhin für die Macht des Finanzkapitals von größter Bedeutung sind.[3]

---

[3] Die wichtigste weitere Form von Kapitalgesellschaften sind die Gesellschaften mit beschränkter Haftung (Ges. m. b. H.). Diese sind nur in bestimmten Fällen verpflichtet, ihre Bilanzen zu veröffentlichen beziehungsweise beim Handelsgericht zur Einsicht zu hinterlegen. Über sie gibt es daher keine zusammenfassenden veröffentlichten Daten. Aus steuerlichen Gründen und wegen der geringeren Veröffentlichungspflicht hat die Zahl der Ges. m. b. H. stark zugenommen. Auf die Gewinne der Kapitalgesellschaften insgesamt wird im 3. Kapitel, s. S. 42, eingegangen.

Die geringe Dividendengewinnaussicht erklärt, warum in Österreich kaum Aktien neu zur öffentlichen Zeichnung aufgelegt werden. Als Mautner Markhof dies vor einiger Zeit tat, galt es fast als Sensation. Neugründungen von Aktiengesellschaften erfolgen zwar, aber die Aktien werden von den Gründern (Interessengruppen oder einzelne) selbst gehalten oder untereinander aufgeteilt. Die Einführung an der Börse erfolgt — wenn überhaupt — nachträglich.

Dieser Austrocknung der für das Finanzkapital traditionell wichtigen Profitquelle der Aktiendividenden versucht das Finanzkapital in jüngster Zeit mit einer original österreichischen neuen Wertpapierform entgegenzuwirken, den „Genußscheinen". Große Banken legen für konkrete Investitionen einer Gruppe (von ihnen ausgewählter) Unternehmen Fonds von Genußscheinen auf. Unter Berufung auf die notwendige Mobilisierung von Risikokapital für innovationsfreudige[4] Unternehmen hat die Regierung den Kauf solcher Genußscheine so außerordentlich begünstigt, daß Besserverdienende bis zu einer bestimmten Höchstsumme praktisch nur die Hälfte des Nominalwertes selbst zahlen müssen. Den Rest zahlt der Staat dazu.

Diese Papiere stellen keine eigentumsrechtliche Verbindung zu den investierenden Unternehmen selbst dar, sind also rechtlich keine Aktie. Da sie auch keine feste Verzinsung garantieren, sind sie auch keine Obligationen im üblichen Sinn.

Allerdings zeigt sich bereits: Die ausgewählten Betriebe sind zum größten Teil etablierte Unternehmen, bei denen es sich keineswegs um Risikoinvestitionen handelt. Daher konnten diese Papiere auch sehr leicht verkauft werden. Die Gewinnerwartung ist durch die staatliche Förderung sehr hoch, das Risiko durch diese Auswahl gering.

Diese Form von Wertpapieren zeigt aber eine neue Form von engem Zusammenwirken von Großbanken, Staat und real tätigen Unternehmen, wenn es darum geht, der Flaute bei den traditionellen Aktiendividenden mit gewinnträchtigen Wertpapieren entgegenzutreten. Im Interesse jener, die diese Gewinne einstecken.

Die Gründe für die geringe Bedeutung der Aktie als gewinnbringendes Wertpapier werden noch zu untersuchen sein. An eines sei hier

---

[4] Innovation=Einführung neuer technologischer Prozesse in Produktion, Zirkulation und Dienstleistungen.

schon erinnert: Die Aktie ist zwar anonym (in der Regel), aber sie hat noch einen Direktbezug zu Erfolg oder Mißerfolg eines bestimmten tätigen Unternehmens. Großaktionäre beherrschen das Unternehmen. Die übrigen tragen nur das Risiko mit.

Aber in der offiziellen statistischen Summierung gibt es eine auffällige Spur: Die erfaßten Aktiengesellschaften hatten 1981 nicht weniger als 20,5 Milliarden Schilling Aufwandzinsen zu zahlen. Das waren Zinsen, die für Investitions- oder auch Betriebsmittelkredite vor allem an Banken oder Sparkassen und für Wertpapiere zu zahlen waren. Diese Zahlungen mußten geleistet werden, unabhängig vom wirtschaftlichen Ergebnis des einzelnen Unternehmens. Nur der Bankrott des Unternehmens führt auch zur Einstellung dieser Zinsenzahlungen. Dazu muß aber vorher das gesamte Aktienkapital verwirtschaftet sein.

Selbst nach Abzug der Ertragszinsen (zum Beispiel für Lieferkredite, Zinsenerträge für in Wertpapieren angelegte Abfertigungsrückla-

Graphik 1:

Dividendenausschüttungen und Netto-Zinsenzahlungen österreichischer AG 1971 und 1981:

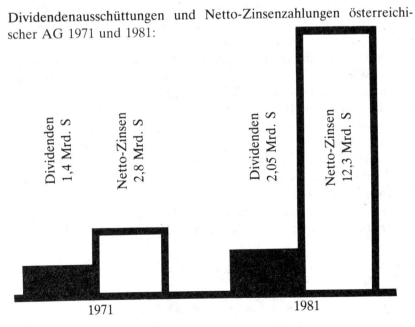

gen usw.) bleibt eine Nettozinsenzahlung aller Aktiengesellschaften von 12,3 Milliarden Schilling. Das war ein Vielfaches aller ausgewiesenen Gewinne.

Zehn Jahre früher, 1971, hatten die Gewinne von 426 erfaßten Aktiengesellschaften noch 1,9 Milliarden Schilling (bei 1,8 Milliarden Schilling Verlusten) betragen. Die Dividenden hatten 1,4 Milliarden Schilling ausgemacht. Die Aufwandzinsen betrugen damals erst 4,4 Milliarden Schilling, nach Abzug der Ertragszinsen von 1,6 Milliarden Schilling ergab das eine Nettozinsenbelastung von 2,8 Milliarden Schilling. Das war nur um die Hälfte mehr gewesen als die ausgewiesenen Gewinne (ohne Verluste).

b) Die Bankkredite und Anleihen

Wir kommen daher zum Bereich der Bankkredite und Anleihen. Wegen des teilweise engen Zusammenhanges und der überragenden Bedeutung beider Sektoren werden bestimmte Schlußfolgerungen zusammengefaßt.

Auf diesem Gebiet gibt es in den „Mitteilungen des Direktoriums der Österreichischen Nationalbank" ziemlich genaue Daten. Für unsere Zwecke sind allerdings die Unterscheidungsmerkmale zwischen Krediten, die als Finanzkapital fungieren, und solchen, die zum Beispiel der Vorfinanzierung von privatem Konsum dienen, nicht genügend klar. (Die Zinsen auch aus letzteren Krediten tragen zum Gewinn des Finanzkapitals bei, aber der Kredit selbst wirkt nach seiner Vergabe nicht mehr als fungierendes Kapital im Gesamtreproduktionsprozeß.) Ähnlich genau sind die Angaben über den Gesamtumfang der jeweils aushaftenden[5] langfristigen Wertpapiere, Anleihen, Kommunalschuldverschreibungen,[6] Pfandbriefe usw. Die nachstehenden Angaben sind den jeweiligen „Mitteilungen des Direktoriums der Österreichischen Nationalbank" entnommen.

Der Kreditumfang des gesamten Bankenapparats an inländische Nichtbanken betrug im Jahresdurchschnitt 1983 1150 Milliarden Schil-

---

[5] aushaftend=jener Teil der Wertpapiere, der vom Ausgeber (Emittenten) noch nicht wieder eingelöst, also zurückgekauft wurde.

[6] Kommunalschuldverschreibungen=Wertpapiere vor allem von Hypothekenbanken, die durch Forderungen aus Darlehen an Gemeinden gedeckt sind.

ling (errechnet aus einem Stand von 1104 Milliarden Schilling Ende 1982 und 1194 Milliarden Schilling Ende 1983). Davon müssen aber 202 Milliarden Schilling (siehe „Mitteilungen", Tab. 3000 III) Jahresdurchschnitt für von den Banken gehaltene festverzinsliche inländische Wertpapiere (aus Nostro-Zeichnungen[7], ohne Bundesschatzscheine) abgezogen werden. Diese sind anschließend bei der Gesamtsumme der umlaufenden Wertpapiere mitberücksichtigt. Für eine Berechnung der für Kredite an inländische Nichtbanken gezahlten Zinsen gehen wir daher von einer Kreditsumme von 948 Milliarden Schilling aus. Bei Annahme einer 1983 durchschnittlich zehnprozentigen Kreditverzinsung ergab das eine gesamte Zinsensumme von 94,8 Milliarden Schilling. Alle denkbaren Fehlerquellen in Rechnung gestellt — der Größenordnung nach befinden wir uns hier offensichtlich auf der richtigen Spur.

Aber Bankkredite sind nicht alles. Der Umlauf festverzinslicher Wertpapiere in Österreich betrug Ende 1982 430,6 Milliarden Schilling, Ende 1983 497,4 Milliarden Schilling — also im Jahresdurchschnitt 464 Milliarden Schilling. Mit einer Verzinsung (entsprechend der errechneten Durchschnittsrendite[8]) von knapp mehr als acht Prozent ergab das einen Zinsenertrag von zirka weiteren 37 Milliarden Schilling.

Das Ergebnis dieser Zinsenberechnung wird im wesentlichen bestätigt durch die Angaben in den „Mitteilungen der Österreichischen Nationalbank", Heft 3/1984, S. 15—24. Dort wird für die (Ende 1983) 301,8 Milliarden Schilling umlaufenden Einmalemissionen (Anleihen) eine Zinsenzahlung von genau 22,3 Milliarden Schilling ausgewiesen. Leider fehlt die Angabe über die Zinsenzahlung für die weiteren 195,6 Milliarden Schilling umlaufenden Daueremissionen (Pfandbriefe usw.). Zum gleichen Durchschnittssatz verzinst muß der Zinsenbetrag dafür rund 14,5 Milliarden Schilling ausgemacht haben. Zusammen

---

[7] Nostro-Zeichnungen der Banken sind jene Ankäufe von neu aufgelegten Wertpapieren, die die Banken nicht als Beauftragte ihrer Kunden, sondern auf eigene Rechnung (u. a. zwecks späteren Verkaufs an Interessenten) durchführen.

[8] Durchschnittsrendite=tatsächlicher durchschnittlicher Zinsenertrag der Wertpapiere unter Berücksichtigung von Kursabweichungen gegenüber dem nominellen Kurs. Die Durchschnittsrendite kann in Normalzeiten um einige Zehntelprozent gegenüber dem Zinssatz von Neuemissionen variieren. Nur bei außerordentlichen und längerfristigen Kursänderungen wird diese Differenz größer.

ergibt das Anleihezinsen von insgesamt 36,8 Milliarden Schilling im Jahr 1983.

Die sichtbaren Zinsenzahlungen aus diesen beiden Quellen betrugen also 1983 131,8 Milliarden Schilling. Es gibt dabei weitere Zinsenzahlungen, die hier nicht erfaßt sind. Private Kapitalgruppen oder Unternehmen geben immer öfter an Firmen direkt (ohne Einschaltung einer Bank) Kredite.

CA-Generaldirektor Hannes Androsch beklagte sich bei der CA-Bilanzpressekonferenz 1984 über das Zunehmen dieser Praxis („Industrie-Clearing"). Allein Versicherungsunternehmen hatten Ende 1983 weitere Kredite für 55,6 Milliarden Schilling aushaften. Auch Warenkredite an Kunden ohne Bankeinschaltung sind hier nicht erfaßt.

Das Nettonationalprodukt (Volkseinkommen) betrug laut revidierter offizieller Volkseinkommensrechnung 1983 884,9 Milliarden Schilling. Davon entfielen auf „unverteilte Gewinne der Kapitalgesellschaften" 76,7 Milliarden Schilling und auf „sonstige Einkünfte aus Besitz und Unternehmung" (ohne die wirtschaftlichen Einkünfte des Staates) 193,4 Milliarden Schilling, zusammen also 270,1 Milliarden Schilling Gewinneinkommen. So problematisch die offizielle Volkseinkommensrechnung ist, müssen wir sie mangels einer besseren jedenfalls verwenden.

Die Bruttozinsenerträge aus den untersuchten beiden Hauptquellen erreichten 1983 also eine Höhe, die 14,9 Prozent des gesamten Volkseinkommens entsprach. Das nur zum Vergleich der Größen. Ein Prozentsatz der Bankzinsen wird zu Lohneinkommen der Beschäftigten des Geld- und Kreditapparats. Er geht so als Teil des Lohneinkommens wieder in die Volkseinkommensrechnung ein. Obwohl diese Bruttozinsen letzten Endes aus den Bruttoeinkommen der verschiedenen sozialen Verdienerschichten gezahlt werden müssen, wäre es eine unzulässige Vergröberung, sie schon in diesem Stadium der Untersuchung auch materiell als Abzug, als eigenen Teil des Volkseinkommens zu bezeichnen.

Vergleichen wir nun dieses Ergebnis mit dem von 1973. Das war das letzte Jahr vor der ersten großen zyklischen Nachkriegskrise des Kapitalismus. Nur ein solcher Vergleich kann Aufschluß über die Entwicklungstendenz geben. (Laut Zwischenanalyse der österreichischen Kreditunternehmen, „Mitteilungen", Tab. 3.00 III.)

Im Durchschnitt des Jahres 1973 hatte der Kreditumfang des Bankenapparats an inländischen Nichtbanken 269 Milliarden Schilling betragen (Ende 1972 254,87, Ende 1973 282,66 Milliarden Schilling). Der Bestand der Banken an festverzinslichen inländischen Wertpapieren betrug im Durchschnitt 1973 35 Milliarden Schilling. Diese müssen zur Vermeidung einer Doppelzählung abgezogen werden. Das Kreditzinsniveau war etwas niedriger gewesen. Mit neun Prozent berechnet, brachten diese Kredite also einen Zinsertrag von 21,1 Milliarden Schilling.

Der Umlauf festverzinslicher Wertpapiere betrug 1973 im Jahresdurchschnitt 94 Milliarden Schilling (Ende 1972 87,98, Ende 1973 100,3 Milliarden Schilling). Bei der damaligen Durchschnittsrendite von 7,7 Prozent brachte das einen Zinsenertrag von 7,2 Milliarden Schilling. (Da in den Jahren vorher die Zinsen der Wertpapieremissionen niedriger waren, lag der tatsächliche Zinsenertrag eher tiefer.)

Aus beiden Quellen zusammen konnte 1973 ein Zinsenertrag von 28,3 Milliarden Schilling erzielt werden. Das Volkseinkommen hatte 1973 389,7 Milliarden Schilling, davon die Gewinneinkommen 123,5 Milliarden Schilling (in gleicher Weise wie für 1983 berechnet), betragen. Der erfaßte Bruttozinsenertrag hatte 1973 somit erst 7,3 Prozent des damaligen Volkseinkommens ausgemacht.

Für die Berechnung beider Jahresergebnisse sind die gleichen Kriterien angewandt. Ungenauigkeiten, Doppelzählungen und ähnliches fallen bei Errechnung der Größenordnung nicht relevant, bei der Feststellung der Entwicklungstendenz überhaupt nicht ins Gewicht.

Es könnte eingewendet werden, daß nicht der nominelle, sondern der Realzins maßgebend ist. Dieser war aber 1973 erheblich niedriger als 1983. Der Verbraucherpreisindex 1973 war im Jahresabstand um 7,6 Prozent, der von 1983 aber nur um 3,3 Prozent gestiegen. Die hier nachgewiesene Tendenz war in Wirklichkeit also noch wesentlich stärker.

Das Ergebnis ist überraschend: Im Verhältnis zum Volkseinkommen hat sich der Bruttozinsenertrag innerhalb von zehn Jahren anteilsmäßig mehr als verdoppelt. Er hat die Größenordnung von etwa einem Siebentel des Volkseinkommens erreicht.

Natürlich ist das nicht zu verwechseln mit dem Profit der Banken. Der weitaus größte Teil des Zinsenertrags wird von den Banken und

Sparkassen „weitergegeben". An Sparer (die für ein Konsumziel, eine Wohnung, für die Kinder oder einen „Not"-Schilling im Alter usw. sparen) und an Großanleger, denen der Zinsengewinn das Wesentliche ist. Erstere bekommen gegenwärtig meist vier Prozent, letztere mehr als sieben Prozent Zinsen. Alle (später noch zu untersuchenden) Angaben beweisen, daß in den letzten zehn Jahren der Anteil gerade letzterer Einlagen außerordentlich stark zugenommen hat. Noch stärker als die Zunahme der gesamten Zinserträge muß daher die Zunahme der Zinsengewinne dieser Einleger und unter ihnen des Finanzkapitals sein. Neben hoch verzinsten Wertpapieren wird also offenkundig der Bankapparat in sehr großem Umfang als Schaltstelle zur Verwertung von Finanzkapital verwendet.

c) Finanzkapital und Profitverteilung

Die Gesamthöhe der Zinserträge im Vergleich zum Volkseinkommen ist nur eine Seite. Kennzeichnender für die Rolle des Finanzkapitals im gesamten kapitalistischen Reproduktionsprozeß ist die Feststellung jenes Anteils, den das Finanzkapital über seine Zinsengewinne aus der gesamten P r o f i t masse an sich zieht. Geld stinkt nicht. Für den Eigentümer des Finanzkapitals ist es daher egal, ob seine Zinsenmillionen von vielen Tausenden Lohn- und Gehaltsempfängern für Konsumkreditzinsen, Wohnungskreditzinsen oder über Steuerzahlungen kommen, oder ob sie im Großen von aktiven Kapitalisten als Zinsen für Investitions- oder Betriebskredite geleistet werden. Für die Entwicklung der kapitalistischen Wirtschaft ist es aber von großer Bedeutung, welcher Teil des insgesamt zu erzielenden Profits beim aktiv fungierenden Kapital verbleibt und welcher Teil als Zinsen an das Finanzkapital (meist über die Banken) weitergegeben werden muß. Wobei beide Seiten auch in Personalunion auftreten.

Die jüngste zyklische Überproduktionskrise hat gezeigt: Die Größe des Gewinnanteils, der als Zinsen für Kredite, Anleihen usw. vom aktiven Kapitalisten weitergegeben werden muß, beeinflußt auch den Verlauf, die Dauer und Tiefe der Krise. Vergrößert sich dieser Anteil wegen steigender Zinsen besonders stark, fließt außer diesem Anteil weiteres Kapital aus den Unternehmungen ab: Auch die aktiv tätigen Kapitalisten verwandeln einen Teil ihrer Gewinne und oft sogar des eingesetzten Kapitals in Finanzkapital. Die Aussicht auf hohe und „sichere" Zinsen ist ihnen lieber, als das Risiko von materiellen Investitionen. Investitionen mit Bankkrediten, für die Zinsen gefordert werden, die die Gewinnerwartungen insgesamt fast erreichen oder überschreiten, werden uninteressant.

Ein Vergleich der Bruttozinsensumme mit den gesamten Gewinneinkommen gibt hier eine Vorstellung. Es ist wesentlich schwerer, aber nicht unmöglich, aus den vorhandenen Unterlagen auch jenen Teil des Bruttozinsenertrags zu schätzen, der aus den Gewinneinkommen gezahlt wird. Wobei allerdings ein Teil der aus dem einen Gewinneinkommen weggezahlten Zinsensumme in anderen Gewinneinkommen wieder aufscheint.

Aus der monatlichen Kreditstatistik des Direktoriums der Nationalbank („Mitteilungen", Tab. 3022) ergibt sich: 1983 entfielen rund 24 Prozent der Ausleihungen des Bankenapparats an inländische Nichtbanken, auf Kredite an „unselbständig Erwerbstätige und Private" sowie an „Wohnungs- und Siedlervereinigungen". Die Zinsen dafür müssen offenkundig fast zur Gänze aus den Lohneinkommen gezahlt werden. Weitere rund 17 Prozent der Ausleihungen entfielen auf die öffentliche Hand. Analog der Struktur der Steuereinnahmen muß man bei diesen Krediten an die öffentliche Hand rund 80 Prozent der Zinsenzahlungen als aus Lohneinkommen geleistet betrachten. Von der Gesamtsumme der Zinsenzahlungen werden danach auf Rechnung der Kredite an die öffentliche Hand 14 Prozent den Lohneinkommen und drei Prozent den Profiten zuzuordnen sein. Die Zinsen für alle übrigen Kreditarten muß man im wesentlichen als aus Gewinneinnahmen bezahlt betrachten. Insgesamt wurden daher 1983 rund 38 Prozent der Zinsenerträge für Kredite an inländische Nichtbanken aus Lohneinkommen und 62 Prozent aus den Gewinneinkommen, also aus der gesamtgesellschaftlichen Profitmasse gezahlt. Das waren 1983 rund 58,8 Milliarden Schilling.

Noch komplizierter ist eine Schätzung für die langfristigen Anleihen und andere festverzinsliche Wertpapiere. Hier überwiegen in Österreich die Ausgaben des Bundes und anderer Gebietskörperschaften, der E-Wirtschaft und Sondergesellschaften in öffentlicher Hand, verstaatlichter Unternehmen, Banken usw. Nur für Anleihen des Bundes und der Gebietskörperschaften und in Haftungsfällen zahlt die

Zinsen direkt der Steuerzahler. Unternehmen — auch in öffentlicher Hand — müssen die Zinsen aus ihren Erträgen zahlen.

Unter Berücksichtigung des Gesamtwerts der aushaftenden Wertpapiere der einzelnen Emittentengruppen dürfte hier etwa die Hälfte der Zinsenzahlungen aus den Gewinneinkommen stammen. Das waren 1983 rund 18,5 Milliarden Schilling.

Dieser Schätzung nach erreichten daher 1983 die Zinsenleistungen aus Gewinneinkommen zusammen rund 77,3 Milliarden Schilling. Dieser Teil floß eindeutig aus dem gesellschaftlichen Gesamtprofit. Das entspricht 28,6 Prozent der laut offizieller Volkseinkommensrechnung festgestellten Gewinneinkommen. Ein solches Verhältnis ist sicher die zweite Überraschung in unserer Untersuchung.

Auch hier ist die Entwicklungstendenz wichtig. 1973 betrugen laut „Statistischem Handbuch für die Republik Österreich 1974" (S. 185, Tab. 15.09) die Kredite für Unselbständige und Private sowie Wohnungsvereinigungen ohne Teilzahlungsinstitute noch 22,7 Prozent der gesamten Kreditsumme. Unter Berücksichtigung der Teilzahlungsinstitute waren es rund 25 bis 26 Prozent. Die Kredite der öffentlichen Hand machten 1973 dagegen erst 7,7 Prozent aus. Von den Steueraufkommen hatten 1973 die Lohneinkommen rund 75 Prozent zu leisten. Wir müssen also von der Gesamtzinsensumme auf Rechnung der Kredite an die öffentliche Hand 5,8 Prozent als aus Lohneinkommen gezahlt betrachten. 1973 stammten demnach insgesamt fast 32 Prozent der Zinsenleistung aus Lohneinkommen und 68 Prozent aus Gewinneinkommen.

Für die 1973 umlaufenden Wertpapiere dürfte, ähnlich wie 1983, eine Schätzung von 50 Prozent Zinsenleistung aus Lohn- und 50 Prozent aus Gewinneinkommen der Wirklichkeit entsprechen. Das ergab 1973 im Vergleich zum Bruttogewinneinkommen, also dem gesellschaftlichen Gesamtprofit, 14,3 Milliarden Schilling Zinsenzahlungen für Kredite und 3,6 Milliarden Schilling für Wertpapierzinsen, somit zusammen 17,9 Milliarden Schilling Zinsenbelastung des Gewinnanteils des Volkseinkommens. Das entsprach etwa 14,5 Prozent der damaligen Gesamtprofite.

Natürlich sind gegen diese Schätzungen beziehungsweise Berechnungen Einwendungen denkbar. Mögliche Ungenauigkeiten, Überschneidungen, Doppelberechnungen können Verschiebungen gegenüber der Wirklichkeit verursachen. Die Größenordnung und die Entwicklungstendenz ist aber eindeutig.

Das Ausmaß der Zinsenzahlungen (einer typischen Quelle der Gewinne des Finanzkapitals) hat in Österreich eine bedeutende Rolle erlangt. Seine Bedeutung hat sich besonders sprunghaft im letztvergangenen Jahrzehnt — seit der ersten zyklischen Nachkriegskrise des Kapitalismus und während der Ende der siebziger Jahre von den USA ausgehenden Hochzinsperiode — vergrößert.

Hier nochmals die Gegenüberstellung:

	1973	1983
Verhältnis der Brutto-Zinsensumme zum gesamten Volkseinkommen	7,3%	14,9%
Verhältnis der Brutto-Zinsenleistung aus Profiteinkommen zum gesamten Profiteinkommen	14,5%	28,6%

Nochmals muß vermerkt werden: Bei der Gesamtberechnung sind Zinsenerträge, die nicht über den Bankenapparat und öffentliche Anleihen fließen, nicht berücksichtigt. Ihre Einbeziehung würde den Anteil der Zinsenerträge noch erhöhen.

Ebenso betone ich: Das Verhältnis der Zinsenerträge aus Profiteinkommen zum gesamten Profiteinkommen ist natürlich nicht identisch mit dem tatsächlichen Profitanteil des Finanzkapitals. Um diesen festzustellen, müßten unter anderem in die Berechnung miteinbezogen werden: die oben erwähnten nicht erfaßten Zinsengewinne aus dem außerbanklichen Kapitalverkehr, die sichtbaren wie auch die unverteilten Gewinne jener Kapitalgesellschaften, deren Kapitaleigner dem Finanzkapital zuzuzählen sind, in deren ausgewiesene Gewinne ein Teil dieser Zinsensumme aber wieder eingeht. Abgezogen müßten dabei aber die Unkosten des Bankenapparats (mit Ausnahme der unverteilten Gewinne) werden sowie jener Anteil an Zinsenerträgen, der tatsächlich an die vielzitierten „kleinen", also die Konsumsparer, weitergegeben wird. Letzteres wird im nächsten Kapitel berechnet werden.

Einige dieser Positionen heben einander teilweise auf. Andere, wie zum Beispiel der Umfang des außerbanklichen Kapitalverkehrs, sind beim gegenwärtig bekannten Datenstand nur zum Teil abschätzbar (zum Beispiel der Kreditumfang der Versicherungen). Größenordnung und Entwicklungstendenz jener Profitmasse, die das Finanzkapital auf diesem Weg an sich zieht, kommen in obiger Gegenüberstellung unbestreitbar zum Ausdruck.

d) Finanzkapital und Staat

Laut offizieller Volkseinkommensberechnung betrugen 1973 die Zinsen für Konsumentenkredite 4,4 Milliarden Schilling oder 1,1 Prozent des Volkseinkommens und 1983 14,05 Milliarden Schilling oder 1,6 Prozent des Volkseinkommens. Das ist zwar eine anteilsmäßige Steigerung gegenüber dem Volkseinkommen, aber im Verhältnis zur gesamten Kreditsumme des Bankenapparats sind die Konsumentenkredite deutlich gesunken.

Der Durchschnittsösterreicher weiß also sehr wohl, daß er die Schulden einmal zurückzahlen muß und paßt offensichtlich auch seine vorfinanzierten Konsumwünsche im allgemeinen seinen Möglichkeiten der Rückzahlung an.

Die starke Steigerungstendenz ist auf jene Kredite zurückzuführen, die als Finanzkapital fungieren. Das gleiche gilt auch für die langfristigen Anleihen. Dabei gibt es aber noch weitere Abstufungen.

	1973	1983
Zinsen für Konsumentenschuld (VE-Rechnung)	100	319,3
Gesamtkreditsumme laut Bankenausweis	100	427,5
Summe der langfristigen Anleihen	100	493,6

Die offizielle Volkseinkommensrechnung weist auch die Position „Zinsen für die Staatsschuld" als eigene Abzugspost aus. Diese Position stieg von 1973 5,35 Milliarden Schilling oder 1,4 Prozent des Volkseinkommens auf 1983 37,25 Milliarden Schilling oder 4,2 Prozent des Volkseinkommens. Stellt man auch diese Steigerungsrate ähnlich wie oben fest, kommt man zu folgenden Ergebnis:

	1973	1983
Zinsen für Staatsschuld (VE-Rechnung)	100	696,3

Der Zinsengewinn des Finanzkapitals ist also besonders stark und besonders rasch zunehmend aus Budgetmitteln geflossen. Dem entspricht auf der anderen Seite die Entwicklung der Finanzschulden des Bundes. Diese betrugen laut offiziellen Angaben:

Ende 1973: 56,25 Mrd. Schilling, davon 9 Mrd. S Auslandsschuld

Ende 1983: 416,2 Mrd. Schilling, davon 125,6 Mrd. S Auslandsschuld

Im ersten Halbjahr 1984 waren sie bereits wieder auf 455 Milliarden Schilling weitergestiegen.

Graphik 2:
Entwicklung des Kreditumfangs 1973 bis 1983 in Prozent

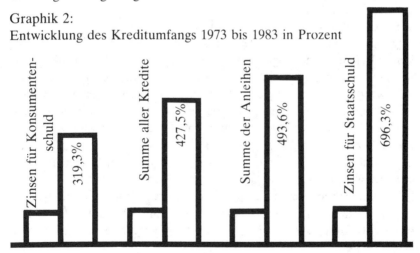

Bei der Präsentation des Staatsschuldenberichts für 1983 verwies der Vorsitzende des zuständigen Ausschusses der Österreichischen Postsparkasse, Professor Helmut Frisch, darauf, daß bereits jeder zehnte Budgetschilling als Zinsenzahlung für Finanzschuld aufgewendet werden muß. Der Zehent ist also wieder da! Fast wie im Feudalstaat. Nur diesmal nicht an die Kirche, sondern an das Finanzkapital!

Dabei ist dieser Vergleich noch eine Beschönigung des wirklichen Tributs, den das Finanzkapital inzwischen insgesamt aus der österreichischen Wirtschaft saugt. Aber der durch die öffentliche Hand fließende Teil der Zinsenzahlungen an das Finanzkapital hat besonders rasch zugenommen:

Die Staatsschuld hat sich versiebenfacht, davon die Auslandsschulden sogar vervierzehnfacht. In ähnlichem, wenn nicht noch stärkerem Ausmaß als die Verschuldung des Bundes an das Finanzkapital stieg die Verschuldung der österreichischen Gemeinden. Auch die Verschuldung der Bundesländer wuchs.

Hier handelt es sich nicht nur um allgemeine Anleihen und Kredite zur Defizitdeckung. Eine besondere Form der Kreditaufnahme hat zugenommen, die schon per se[9] die Notwendigkeit besonders rasch steigender weiterer Kredite in den Folgejahren mit sich bringt: die Vorfinanzierung bestimmter Sachaufwendungen der Budgets. Diese Vorfinanzierung erfolgt direkt oder über Sondergesellschaften, Fonds usw. auf dem Kreditweg. Obwohl die Leistung längst erbracht ist, scheinen dann durch viele Jahre hindurch im Budget die Zinsen- und Tilgungszahlungen auf, denen in dem betreffenden Jahr überhaupt keine Leistung mehr gegenübersteht. Ein Beispiel: Seit längerem werden bestimmte Autobahnbauten über Sondergesellschaften auf dem Kreditweg vorfinanziert. Die Mauteinnahmen dieser Autobahnen decken insgesamt nur einen Teil der laufenden und der Finanzierungskosten. Die Differenz — darunter auch die Zinsenzahlung an das Finanzkapital — wird aus dem Budget geleistet. Um endlich das „Grundnetz" der Autobahnen fertigzubringen, wird jetzt fast der gesamte weitere Autobahnausbau auf diesem Weg finanziert. Auf viele Jahre hinaus wird dann der gesamte Tilgungs- und Zinsendienst für diesen weiteren Ausbau als Ausgabe im Bundesbudget aufscheinen, ohne daß für dieses Geld in diesen Jahren irgendeine Sachleistung erbracht werden kann.

Mehr und mehr erfolgt auch die Wohnbauförderung in ähnlicher Form durch Zinsenzuschüsse zu Bankkrediten. Hier erfolgt die Zah-

---

[9] per se (lat.) = aus eigener innerer Notwendigkeit.

lung allerdings aus den Länderbudgets, die ja die zweckgebundenen Wohnbauabgaben erhalten. Ein weiterer, wachsender Teil dieser Mittel wird übrigens als sogenannte Subjekthilfe[10] den Mietern bestimmter Wohnungen gegeben, damit sie die — nicht zuletzt durch nichtgestützte Bankkredite verteuerten — Mieten überhaupt zahlen können. Ein wesentlicher Teil auch dieser Zahlungen fließt so letztlich dem Finanzkapital zu.

Immer mehr Sonderfonds der Budgets (zuletzt im Jahr 1984 erst wieder 500 Millionen Schilling für Entwicklungshilfe) werden zur Gänze durch Kreditaufnahme finanziert. Selbst die besonders durch die internationale Stahlkrise unvermeidbar gewordene Kapitalzufuhr des Bundes für die verstaatlichte Industrie erfolgt durch Krediteinschaltung. 16,5 Milliarden Schilling wurden 1983 bewilligt — Zinsen- und Tilgungszahlung übernimmt (in Form einer Ausfallshaftung) der Bund.

Es wäre eine dankenswerte, aber sehr mühevolle Arbeit, Umfang und Entwicklung dieser Zahlungen aus den verschiedenen Budgets an das Finanzkapital genau festzustellen.

Zur Begründung dieser Art Vorfinanzierung von Budgetaufgaben werden zwei Argumente angeführt: Leistungen könnten so früher erbracht werden, und solange der Baukostenindex jährlich um mehr Prozent steigt als die Kreditkosten ausmachen, kann für das gleiche Geld materiell sogar mehr geleistet werden.

Diese Begründungen scheinen einleuchtend, sind aber falsch. Sie lassen zwei wesentliche Umstände außer acht: Unabhängig von der Höhe der Zinsen und den Baukostensteigerungen müssen in den folgenden Jahren auch die Kredite selbst zurückgezahlt werden, wodurch dann entsprechend diesen Rückzahlungsraten in diesen Jahren um so viel weniger Sachleistung finanziert werden kann. Um auch nur die gleiche Leistung (zum Beispiel beim Straßenbau, Wohnbau usw.) aufrechterhalten zu können, kommen die Budgetersteller in die Zwangslage, immer stärker Kredite in Anspruch nehmen zu müssen.

---

[10] Subjekthilfe=öffentliche finanzielle Stützung, die nicht für das Objekt, also die Wohnung, sondern dem „Subjekt", also dem Mieter, entsprechend seiner sozialen Lage (Einkommenshöhe) gezahlt wird.

Der zweite Umstand ist noch ernster: Diese Zwangslage ist mehr oder weniger in allen kapitalistischen Ländern wirksam. Sie bewirkt eine international zunehmende Nachfrage der staatlichen Haushalte nach Krediten. Dramatisch verschärft hat sich diese Nachfrage seit dem Übergang der USA und der großen NATO-Staaten zur Hochrüstungspolitik. Die dadurch explodierenden Staatsdefizite haben die Zinsen, die das Finanzkapital jetzt fordern kann, hinaufschnellen lassen. Sie sind in den USA auch während des Tiefpunkts der Krise nur nominell zurückgegangen. Wegen der niedrigeren Inflationsrate sind sie real gleich hoch geblieben und steigen gegenwärtig sogar wieder. Reale Zinsen von 6,7 oder mehr Prozent für das Finanzkapital (das ist gegenwärtig[11] das Niveau in den USA) erzwingen eine immer höhere Verschuldung der Budgets, um auch nur annähernd die notwendigen Leistungen aufrechtzuerhalten. Dieser Mechanismus wirkt — wenn auch abgeschwächt — auf die Finanzierungsmöglichkeiten in Österreich.

Der Baukostenindex steigt schon seit Jahren um erheblich weniger Prozente als die Kreditzinsen ausmachen. Man kann durch die Vorfinanzierung also nicht mehr, sondern nur weniger (Autobahnkilometer, Wohnungen usw.) bauen lassen — aber man muß jetzt den Weg immer größerer Kreditaufnahmen gehen, will man nicht die Leistungen aus den Budgets radikal kürzen.

Die falsche Argumentation hat die Finanzen der öffentlichen Haushalte in einen „circulus vitiosus", einen tödlichen Kreislauf geführt. Obwohl die Budgets vor allem vieler Gemeinden schon tief in der Krise stecken, müssen diese immer neue Kredite aufnehmen und sich noch tiefer in die Krise stürzen.

Was aber für die öffentlichen Haushalte eine ausweglose Krise darstellt, ist für das Finanzkapital ein immer breiterer Strom von Zinsengewinnen, der gerade aus den öffentlichen Haushalten, aus allen Ritzen und Spalten der Budgetgebäude in seine Taschen beziehungsweise auf seine Konten fließt.

Bei dieser Darstellung blieben bisher jene Milliardenbeträge außer Betracht, die unter der Bezeichnung Wirtschaftsförderung von Bund, Ländern und Gemeinden dem aktiv fungierenden Kapital zugeschos-

---

[11] „gegenwärtig" bezieht sich auf den Herbst 1984.

sen werden. Beispiele wie General Motors, BMW, Siemens und andere beweisen, daß auch hier die größten Beträge multinationalen Konzernen, also dem internationalen Finanzkapital, zufließen.

Diese chronische Krise der öffentlichen Haushalte in allen kapitalistischen Ländern und auch in Österreich ist mit eine Ursache der ständigen Steigerung der sogenannten Staatsquote[12]). Während die Gesamtsumme der Steuern (einschließlich Sozialversicherung) in Österreich 1973 mit 198,8 Milliarden Schilling 36,8 Prozent des Bruttonationalprodukts ausmachte, stieg diese Quote 1983 auf 471,4 Milliarden, 41,1 Prozent des Bruttoinlandprodukts.

Erinnern wir uns: In der gleichen Zeit sind die Zinsen für die Staatsschuld von 1,4 auf 4,2 Prozent des Volkseinkommens gestiegen. Der größte Teil dieser Steigerung der Staatsquote geht also direkt auf den angeschwollenen Tribut an das Finanzkapital zurück. Wenn Verteidiger des Kapitalismus in diesem Anwachsen der Staatsquote eine schleichende „Sozialisierung" zu sehen vorgeben, ist das glatter Betrug, um von den wahren Nutznießern abzulenken.

---

[12])Staatsquote=jener Anteil des Bruttoinlandprodukts, der in Form von Steuern, Abgaben (u. a. für Sozialversicherungen) vom Staat an sich gezogen (und von ihm dann weiter verteilt) wird.

3. Kapitel

Welchen Teil erhält das Finanzkapital?

In einem „Editorial"[1] schreibt die Zeitschrift „Wirtschaft und Gesellschaft"[2] Nr. 2/1984 auf S. 157 in einer Auseinandersetzung mit der überraschend starken Zunahme der Gewinneinkommen 1982 und 1983 u. a.: „die sogenannten ‚Besitzeinkommen' beinhalten ... u. a. die Einkünfte aus Kapitalvermögen, folglich auch die Spar- und Anleihezinsen, die unselbständig Erwerbstätigen zufließen. Demnach ist keine präzise Zuordnung auf soziale Gruppen von Einkommensbeziehern möglich."

Das entspricht der allgemeinen sozialpartnerschaftlichen Argumentation. Es ist für eine Zeitschrift wie „Wirtschaft und Gesellschaft" aber ein Armutszeugnis. Anstatt eine solche Zuordnung vorzunehmen und dazu fehlende Unterlagen endlich zu erarbeiten, macht man aus einer — einzig den Interessen des Finanzkapitals dienenden — Unterlassung eine Theorie.

Welcher ökonomische Widersinn aus dieser Haltung entstehen kann, dafür bietet eine jüngst erschienene Studie des WIFO[3] ein treffendes Beispiel. Die Rede ist von der Studie über „Sektorale Geldvermögensbildung und Außenfinanzierung in Österreich" (WIFO-Monatshefte 7/1984) von Peter Mooslechner. Der Autor nimmt die offizielle Volkseinkommensrechnung als Grundlage. Diese

---

[1] Editorial=grundsätzlicher Leitartikel, für dessen politische Linie die Leitung der Redaktion verantwortlich ist.

[2] „Wirtschaft und Gesellschaft" — wirtschaftspolitische Zeitschrift der Oberösterreichischen Arbeiterkammer.

[3] WIFO=Wirtschaftsforschungsinstitut, eine Institution, die von den sogenannten Sozialpartnern kontrolliert wird.

zählt aber alle Zinsengewinne, die nicht aus Betriebsvermögen kommen, zu Einkommen der „privaten Haushalte". Die 300 Schilling Jahreszinsen auf das Sparbuch des Pensionisten Franz Maier fallen dadurch in die gleiche Kategorie wie Millionen Veranlagungsgewinne der großen Familienvermögen.

Für 1983 führt Mooslechner an, daß die „Haushalte" (allein in einem Jahr) einen Überschuß von 68,3 Milliarden Schilling bei der Geldvermögensbildung aufgewiesen haben, der gesamte Unternehmenssektor (Kapitalgesellschaften), dem z. B. auch die Banken angehören, ein Geldvermögensdefizit (nach Abzug der Sachinvestition) von zusammen 23,5 Milliarden Schilling. Würde man hiebei den Profit von Banken, Versicherungen und anderen hochaktiven Unternehmen herausziehen, wäre dieses „Defizit" (das allerdings den Wertzuwachs durch Anlageinvestitionen außer acht läßt) noch größer.

Man überlege: 1983 sanken die realen Netto-Lohn- und Pensionseinkommen. Ebenso war das Gewinneinkommen des in der realen Produktion fungierenden Kapitals noch keineswegs besonders gut. (Auch wenn das Mediengejammer von der „Kapitalauszehrung" zum guten Teil übertrieben war.)

Wenn aber sowohl die Lohn- als auch die Gewinneinkommen so knapp waren — woher eigentlich sollten dann „die Haushalte" einen Geldvermögenszuwachs von 68,3 Milliarden, das sind 68.300 Millionen Schilling, in einem einzigen Jahr bekommen haben? Das waren immerhin mehr als 7,5 Prozent des gesamten Volkseinkommens in diesem Jahr!

Die offiziellen Statistiker der österreichischen Sozialpartnerschaft wagen keine Antwort, sondern bestenfalls mild gedämpfte Klagen. So etwa Mooslechner, der die Zusammenziehung der Sektoren Haushalte und Betriebe als privaten Vermögenssektor in der Finanzierungsrechnung bedauert.

Wir suchen also auf der einen Seite die Antwort auf die Frage: Wohin verschwinden die offenbar bereits gigantischen Gewinne des Finanzkapitals? Selbst die offizielle Statistik steht andererseits ziemlich ratlos dem Phänomen gegenüber, daß nach ihrer eigenen Rechnung bei dem nur vage abgegrenzten Ansatz „Haushalte" eine rasch anschwellende Anhäufung von Geldvermögen erfolgt, die wegen ihrer Größe offensichtlich weder aus Lohneinkommen der Unselbständigen noch aus Gewinneinkommen der aktiv eingesetzten Kapitalien stammen können.

Es ist eine Bankrott-Erklärung einer ernsten Wirtschafts- und Sozialstatistik, wenn man sich mit der Ausrede begnügt, man könne eine präzise Zuordnung der Zinsengewinne zu sozialen Gruppen nicht vornehmen.

Die Verteidiger des Finanzkapitals gehen dabei noch weiter. In der Nr. 40/1984 von „Profil" klingt das auf Seite 34 so:

„Während das Eigenkapital der Wirtschaft schrumpft, werden die privaten Haushalte in ihrer Summe immer reicher... Diese Tendenz dürfte sich weiter verstärken, weil der Löwenanteil der in der Wirtschaft erarbeiteten Wertschöpfung auf zwei Kanälen in die privaten Haushalte der Arbeitnehmer (!) fließt:
● Erstens durch die hohe Lohnquote und
● zweitens auch durch die Fremdkapitalzinsen..."

Autor ist Herr Jens Tschebull, der von sich selbst und seinesgleichen (z. B. im ORF) als ökonomisch besonders bewandert dargestellt wird.

Tatsächlich lag erstens die Lohnquote in Österreich selbst laut offiziellem Sozialbericht der Bundesregierung 1983 auf dem niedrigsten Stand seit 1973 und zweitens ist die Behauptung eine weitere Fälschung, die Zinsen der Betriebe für Fremdkapital flössen als Sparzinseneinkommen generell den privaten Arbeitnehmerhaushalten und nicht im wesentlichen als Zinsgewinn aus Privatvermögen dem Finanzkapital zu.

Eine solche Fälschung des wahren Zustands (im Interesse des Finanzkapitals) ist nur wegen der Unterlassung einer fundierten Zuordnung dieser Zinserträge durch die offizielle Wirtschafts- und Sozialstatistik möglich.

Eine solche Zuordnung ist natürlich möglich. Selbst auf der Grundlage der publizierten Daten. Auf dieser Basis wird die Zuordnung in diesem Kapitel vorgenommen. Sicher wäre es aber bei Zugang zu detaillierten Angaben vor allem des Bankensystems möglich, eine noch genauere Zuordnung vorzunehmen.

Die Einlagen bei den österreichischen Sparinstituten (mit Ausnahme der Bundesschatzscheine und wechselseitiger Einlagen der Banken) lassen sich durchaus aufschlüsseln und den einzelnen sozialen Gruppen zuordnen. Für das Jahr 1983 ist eine verhältnismäßig weitgehende

Aufschlüsselung der Spareinlagen möglich („Mitteilungen des Direktoriums der Nationalbank" 2/1984). Für das Jahr 1973 ist eine solche Aufschlüsselung nur hinsichtlich der Einlagen zum Eckzinsfuß und der Bausparkonten zugänglich („Mitteilungen..." 2/1974).

Demzufolge gab es Ende 1983 insgesamt 720,6 Milliarden Schilling Spareinlagen. Davon waren 22,9 Prozent oder 165 Milliarden Schilling zum Eckzinsfuß von vier Prozent angelegt. Das ergab (sicher fast zur Gänze für Konsumsparer) Zinseneinnahmen von 6,6 Milliarden Schilling.

Ebenso zählen wir die 11,1 Prozent beziehungsweise 80 Milliarden Schilling Bauspareinlagen den Konsumsparern zu, obwohl von den Verträgen ein immer größerer Teil nicht wirklich zum Bauen abgeschlossen ist, sondern nur der Ausnützung der besonders günstigen Sparförderung dient. Bei 4,5 Prozent durchschnittlicher Verzinsung dieser Einlagen ergab das weitere Zinseneinnahmen für Sparer von 3,6 Milliarden Schilling.

7,7 Prozent oder 55,5 Milliarden Schilling lagen schließlich auf Prämiensparverträgen, die in der Mehrzahl schon anonym sind, sowie auf Sparbriefen. Auch hier ordne ich die gesamte Zinsensumme den echten Konsumsparern zu, was bei durchschnittlich sechs Prozent diesen weitere 3,3 Milliarden Schilling bringt.

Der größte Teil der Spareinlagen entfiel auf Konten mit „vereinbartem" Zinsfuß. Es waren dies 58,3 Prozent oder 420,1 Milliarden Schilling. Hierher gehören sowohl auf ein, zwei oder drei Jahre gebundene Spargelder, wie unabhängig von der Einlagedauer hoch verzinste Großeinlagen. Hier ist nur eine Schätzung möglich, wobei ich von 30 Prozent der Gesamtsumme als echtem Spargeld ausgehe (dieser Anteil ist eher noch zu hoch gegriffen) und dafür durchschnittlich fünf Prozent Zinsen annehme. Das ergibt 126 Milliarden Schilling echtes gebundenes Spargeld und einen Zinsenertrag von 6,3 Milliarden Schilling.

Auf hoch verzinste Großeinlagen (ob gebunden oder nicht) entfallen bei dieser Schätzung 294,1 Milliarden Schilling. Diese ergaben bei einem angenommenen durchschnittlichen Zinssatz von 6,5 Prozent allein aus diesen veranlagten Geldern im Jahr 1983 einen Zinsengewinn von 19,1 Milliarden Schilling.

Neben den Spareinlagen hatten die Banken aber noch weitere Arten von Einlagen. Dazu gehörten 1983 97,7 Milliarden Schilling niedrig verzinste, weil täglich fällige sogenannte Sichteinlagen. Von deren Zinsen (angenommener Durchschnittssatz ein Prozent) ordne ich die Hälfte den Konten von Lohn- und Gehaltsempfängern sowie Pensionskonten zu. Das ergibt dann 0,5 Milliarden Schilling Zinsengewinn des Finanzkapitals, für Sparer 0,5 Milliarden Schilling.

Für weitere 109,9 Milliarden Schilling Termineinlagen[4] müssen die Zinsen dem Finanzkapital zugeordnet werden. Der Zinssatz für solche Einlagen kann 1983 mit durchschnittlich 6,5 Prozent angenommen werden. Das ergab einen weiteren Zinsengewinn von 7,1 Milliarden Schilling.

Schließlich hatten die Banken noch 16,5 Milliarden Schilling Fremdwährungseinlagen von Inländern. (Über Guthaben und Verpflichtungen von Ausländern folgt eine eigene Untersuchung.)

Auch diese können zur Gänze als Veranlagung betrachtet werden. Ich gehe von durchschnittlich fünf Prozent Verzinsung aus. Da diese Zinsen zirka 1,5 Prozent unter den für die jeweilige Währung geltenden Euro-Zinssätzen liegt, ist diese Annahme sehr niedrig. Dies brachte einen weiteren Zinsengewinn von 0,8 Milliarden Schilling.

Da die Jahreszuwächse bei den Einlagen 1983 nicht so bedeutend waren wie bei der Kreditentwicklung, habe ich die Zinsenberechnung in diesem Kapitel vom jeweiligen Einlagenstand am Jahresende vorgenommen. Bei Anleihen ist wegen der wesentlich höheren Jahresdifferenz auch hier die Heranziehung des Jahresdurchschnitts notwendig.

Hier fallen zuerst die umlaufenden eigenen Wertpapieremissionen der Banken ins Gewicht. Für diese müssen die Banken Zinsen (wie für langfristige Einlagen — nur etwas höher) zahlen. Nach Abzug der Eigenbestände der Banken waren Ende 1983 solche Bankenemissionen für 189 Milliarden Schilling im Umlauf, Ende 1982 waren es 162,2 Milliarden Schilling gewesen. Der Mittelwert beträgt daher 170 Milliarden Schilling. Wir bleiben bei der Annahme einer achtprozentigen Durchschnittsverzinsung und einer Aufteilung von zehn Prozent für

---

[4] Termineinlagen sind bis zu einem vorher vereinbarten Termin eingelegte größere Beträge. In der Regel nützen Unternehmer beziehungsweise Unternehmen die dabei erzielbaren höheren Zinsen für Beträge, die sie erst zu einem bestimmten Termin, zum Beispiel für eine Investition oder für andere größere Zahlungen, brauchen.

Sparer und 90 Prozent für Großanleger.[5] Das ergibt einen Zinsengewinn von 12,2 Milliarden Schilling für Großanleger und 1,4 Milliarden Schilling für Sparer. Eine Aufteilung aller von den Banken gezahlten Zinsen ergibt somit für 1983 folgende Zuordnung: Für Konsumsparer 21,7 Milliarden Schilling und für Großanleger 39,7 Milliarden Schilling.

Darin sind aber nur die von Banken, Sparkassen usw. gezahlten Zinsen enthalten. Außer den 189 Milliarden Schilling Eigenemissionen der Banken zirkulierten Ende 1983 308,4 Milliarden Schilling andere fest verzinsliche Wertpapiere. Ende 1982 waren es 268,4 Milliarden Schilling gewesen. Das ergibt einen Mittelwert von 288,4 Milliarden Schilling. Wir teilen wieder im Verhältnis von 10 : 90 zwischen Sparern und Großanlegern auf. Bei durchschnittlich acht Prozent Zinsen ergibt das 20,8 Milliarden Schilling Zinseneinnahmen für Großanleger und 2,3 Milliarden Schilling für Sparer.

Nachstehend eine Zusammenstellung aller dieser Zinseneinnahmen:

Zinseneinkommen 1983

	Konsumsparer	Großanleger
Spareinlagen zum Eckzinsfuß	6,6 Mrd. S	—
Bauspareinlagen	3,6 Mrd. S	—
Prämienspareinlagen	3,3 Mrd. S	—
Mit vereinbartem Zinsfuß	6,3 Mrd. S	19,1 Mrd. S
Sichteinlagen	0,5 Mrd. S	0,5 Mrd. S
Termineinlagen	—	7,1 Mrd. S
Fremdwährungseinlagen von Inländern	—	0,8 Mrd. S
Eigene Wertpapieremissionen der Banken	1,4 Mrd. S	12,2 Mrd. S
Übrige festverzinsliche Wertpapiere	2,3 Mrd. S	20,8 Mrd. S
	24,6 Mrd. S	60,5 Mrd. S

[5] Diese Schätzung stützt sich auf eine längerfristige Beobachtung der Käuferstruktur österreichischer Wertpapieremissionen. Vgl.: „Mitteilungen...", Tab. 2.31.
Für die Berechnungen siehe „Mitteilungen...", Tab. 3.001 und Tab. 2.30.

Die Gesamtsumme der aus diesen beiden Quellen nachweisbaren Zinsenerträge machte also im Jahr 1983 für Sparer, für die der Zinsenertrag zum größten Teil als Inflationsabgeltung ihrer Ersparnisse und zum Teil als Erleichterung bei der Finanzierung des Sparziels wirkte, 24 Milliarden Schilling aus.

Für solche Anleger, für die der Zinsengewinn Hauptziel der Veranlagung war, ergab sich dagegen 1983 ein Gesamtzinsenertrag von 60,5 Milliarden Schilling.

Diese Berechnung weist Unzulänglichkeiten auf. Aber diese sind angesichts der Größenordnung kaum wesentlich. Ob die errechneten 60,5 Milliarden Schilling stimmen, oder ob es ein bis zwei Milliarden mehr oder weniger waren — die Zinsenerträge aus Veranlagungen mit der Zweckbestimmung des Zinsengewinns machten fast ein Viertel (!) aller Gewinneinkommen der Volkseinkommensrechnung aus (270,1 Milliarden Schilling).

Wenn das nicht eine bereits überragende Stellung des zinstragenden Finanzkapitals in Österreich anzeigt, was dann?

Wie ist es dazu gekommen? Wann, in welcher Periode, konnte das Finanzkapital solches Gewicht erlangen?

Versuchen wir auch hier, eine analoge Berechnung beziehungsweise Schätzung für die Aufteilung der Zinsenzahlungen im Jahr 1973 vorzunehmen.

Für die damals 199,5 Milliarden Schilling Sparguthaben liegt eine, wenn auch nicht detaillierte Aufschlüsselung vor. Ihr zufolge waren 1973 46,9 Prozent, das waren 93,6 Milliarden Schilling Eckzinsfußeinlagen. Mit 3,5 Prozent verzinst, brachten sie den Sparern 3,4 Milliarden Schilling, 10,6 Prozent, also 21,1 Milliarden Schilling, waren Ende 1973 auf Bausparkonten angespart. Auch diese Zinsen gingen an echte Sparer, und zwar 0,9 Milliarden Schilling.

Eine weitere Aufgliederung (z. B. auf Prämiensparer, die damals nur gegen Ausweisleistung diese Sparförderung erhalten konnten) liegt nicht vor. Man muß also vom Restbetrag der Spareinlagen damals wohl 40 Prozent den echten Konsumsparern auf Konto von Prämiensparbüchern, echt gebundenen Spareinlagen u. a. zuzählen. Dieser Restbetrag machte insgesamt 84,8 Milliarden Schilling aus, von denen somit 33,9 Milliarden Schilling noch Spargeld war, das mit fünf Prozent durchschnittlich verzinst 1,7 Milliarden Schilling brachte.

Für 50,9 Milliarden Schilling höher verzinste Großeinlagen muß man bei durchschnittlich sechs Prozent einen Zinsengewinn für Großeinleger von 3,6 Milliarden Schilling annehmen.

Sichteinlagen hatte der Bankenapparat 1973 58,3 Milliarden Schilling, deren Zinsen wir wie für 1983 aufteilen. Das ergibt 0,3 Milliarden Schilling für Großeinleger und für andere Konten 0,3 Milliarden Schilling.

Für Termineinlagen in Höhe von 24,6 Milliarden Schilling müssen wir bei sechs Prozent Verzinsung einen weiteren Zinsengewinn der Großeinleger von 1,5 Milliarden Schilling annehmen.

Fremdwährungseinlagen von Inländern gab es erst für 1,8 Milliarden Schilling, was 0,1 Milliarden Schilling Zinsengewinn von Großeinlegern brachte.

Die damals 42,4 Milliarden Schilling eigenen Inlandsemissionen der Banken (Jahresmittel zwischen 39,3 und 45,6 Milliarden Schilling[6]) teilen wir wieder im Verhältnis 10:90 zwischen Sparern und Großeinlegern auf. Das ergibt bei der damaligen Durchschnittsrendite von 7,7 Prozent 2,9 Milliarden Schilling für Großanleger und 0,3 Milliarden Schilling für Sparer.

Zu diesen von den Banken gezahlten Zinsen kamen 1973 für nicht bankeigene Wertpapieremissionen in Höhe von 51,7 Milliarden Schilling (Jahresdurchschnitt zwischen 48,7 und 54,7 Milliarden Schilling), wieder im Verhältnis 10:90 zwischen Sparern und Großeinlegern aufgeteilt, 3,6 Milliarden Schilling Zinsengewinn für Großanleger und 0,4 Milliarden Schilling für Sparer.

Es ergibt sich also für 1973 folgende Aufteilung der sichtbaren Zinseneinnahmen: echte Konsumsparer — sieben Milliarden Schilling, Großanleger — zwölf Milliarden Schilling.

Damals betrug der Gewinnanteil am Volkseinkommen 123,5 Milliarden Schilling. Der Zinsengewinn von Großanlegern lag also damals bei einem Zehntel der gesamten Gewinneinkommen.

Die Steigerung dieses Anteils der Zinsengewinne von Großanlegern von einem Zehntel aller Gewinneinkommen auf fast ein Viertel 1983 ist das Ergebnis der Entwicklung nur eines Jahrzehnts!

---

[6] Siehe „Mitteilungen..." Nr. 2/1974, Tab. 3.00/II und Tab. 2.30.

Hier wieder die Aufstellung:

Zinseneinkommen 1973

	Konsumsparer	Großanleger
Spareinlagen zum Eckzinsfuß	3,4 Mrd.S	—
Bauspareinlagen	0,9 Mrd.S	—
Mit vereinbartem Zinsfuß	1,7 Mrd.S	3,6 Mrd.S
Sichteinlagen	0,3 Mrd.S	0,3 Mrd.S
Termineinlagen	—	1,5 Mrd.S
Fremdwährungseinlagen von Inländern	—	0,1 Mrd.S
Eigene Wertpapieremissionen der Banken	0,3 Mrd.S	2,9 Mrd.S
Übrige festverzinsliche Wertpapiere	0,4 Mrd.S	3,6 Mrd.S
	7,0 Mrd.S	12,0 Mrd.S

Bei einer allgemeinen Steigerung der Brutto-Zinsensumme, die im vorhergehenden Kapitel untersucht wurde, zeigt diese Aufgliederung der Netto-Zinsenzahlungen, daß auch innerhalb der gesamten Zinsensumme eine starke Verschiebung zugunsten des Zinsenanteils des Finanzkapitals eingetreten ist.

Die Größenordnung der für 1983 errechneten Zinsengewinne des Finanzkapitals führt auch an die einzig glaubhafte Antwort heran auf die eingangs gestellte Frage, woher die phänomenale Geldvermögenszunahme der österreichischen Privathaushalte in der offiziellen Volkseinkommensrechnung kommt.

Ein großer Teil des Finanzkapitals in Österreich existiert nicht mehr als sogenannte Betriebsvermögen. Es bildet Privatvermögen höchstens einiger tausend „Haushalte". Das meiste von diesen Vermögen scheint in keiner Steuererklärung auf, kann sich, da unversteuert, besonders rasch weiter vermehren. (Im einzelnen wird diese Frage noch zu untersuchen sein.) Das „Wunder", wieso trotz stagnierender realer

Lohneinkommen und niedriger Gewinn-Margen[7] des aktiv fungierenden Kapitals „die Haushalte" allein in einem Jahr 68,3 Milliarden Schilling oder 7,5 Prozent des gesamten Volkseinkommens als zusätzliches Geldvermögen anhäufen konnten, erklärt sich aus diesem Gewinnstrom des Finanzkapitals.

Der Umfang desselben ist beeindruckend. Selbst die größte Meisterleistung sozialpartnerschaftlicher Wirtschaftsstatistik kann ihn nicht mehr zudecken. Die besonders rasche Steigerung dieser Art finanzkapitalistischer Profite ist natürlich auch direkte Folge der Hochzinsperiode.

Interessant ist eine Gegenüberstellung der hier angeführten Berechnungen mit der offiziellen Volkseinkommensrechnung für 1983.

Die Zinseneinnahmen von Termin- und Sichteinlagen, Fremdwährungseinlagen und einem bedeutenden Teil der von Großanlegern gehaltenen Wertpapiere scheinen in der Volkseinkommensrechnung natürlich als Betriebseinnahmen auf. Ich gehe von der Annahme aus, daß etwa 60 Prozent der nicht von Wertpapiersparern erworbenen Wertpapiere in Betriebsvermögen erfaßt sind.[8] Dann verbleiben von den gesamten Zinseneinnahmen der Großanleger im Jahr 1983 32 Milliarden Schilling, die in keinem Unternehmen als Ertrag erfaßt und so in dessen Gewinne eingegangen sind. Ebenso sind die 24 Milliarden Schilling echten Sparzinsen ihrer Natur nach nirgends als betrieblicher Ertrag ausgewiesen. Das ergibt zusammen 56 Milliarden Schilling Zinsengewinn[9], der nirgends in der Volkseinkommensrechnung ausdrücklich ausgewiesen wird.

Peter Mooslechner hat in der erwähnten Studie, gestützt auf die offiziellen Zahlen der Volkseinkommensrechnung für 1983, einen Geldvermögenszuwachs bei Privaten von 68,3 Milliarden Schilling errechnet. Dieser Zuwachs stammt offenbar aus den hier errechneten Zinserträgen, zu denen noch die immer höher werdenden Einnah-

---

[7] Gewinn-Margen=prozentuelle Durchschnittswerte der Gewinne der einzelnen Unternehmen.

[8] Die Schätzung erfolgt auf Grundlage einer längerfristigen Beobachtung der Zeichnungsergebnisse bei Anleihen (Tab. 2.31 der „Mitteilungen..."). Dabei werden institutionelle Anleger zur Gänze und Nostro-Käufe der Banken zum größten Teil als Betriebsvermögen betrachtet.

[9] Die Berechnung erfolgt auf der Grundlage der Tabelle auf S. 39.

men aus privater Vermietung, Zinsen für Privatkredite und andere Posten kommen. Berücksichtigt man diese zusätzlichen Quellen, dann stimmen die hier vorgenommenen Berechnungen größenordnungsmäßig durchaus mit dem Ergebnis überein, das Mooslechner aus den Zahlen der Volkseinkommensberechnung gewonnen hat.

So verzerrt die offizielle Volkseinkommensrechnung die Dinge darstellt, rein zahlenmäßig bestätigt sie im großen und ganzen die Richtigkeit der hier vorgenommenen Berechnung des Umfangs der Zinsengewinne.

Dazu nochmals die Präzisierung: Die bisher errechneten Zahlen erfassen nur die s i c h t b a r werdenden Zinsengewinnströme in Richtung Finanzkapital. Auf die in den veröffentlichten Statistiken unsichtbar bleibenden Faktoren (zum Beispiel Zinsen für Industrie-Clearing und für Privatkredite) wurde schon verwiesen.

Auf die imponierenden Profite des Finanzkapitals durch die internationale Verflechtung wird noch eingegangen werden.

Diese Profitströme überraschen in ihrer Größenordnung. Aber sie dürfen den Blick nicht trüben: Zur Verständlichmachung der realen Funktion und Bedeutung des Finanzkapitals in der österreichischen Wirtschaft (und Gesellschaft) genügt diese Seite nicht. Die andere Seite ist die Eigentums- und Machtposition des Finanzkapitals im gesamten realen Reproduktionsprozeß des Kapitalismus in Österreich. Bei der Beteiligung an der Ausübung dieser Macht ist der Kreis noch erheblich kleiner, als bei der Aneignung der Zinsenprofite insgesamt.

Das Finanzkapital ist direkter Eigentümer auch der Kapitalgesellschaften (mit Ausnahme des Staatseigentumsanteils an diesen Gesellschaften). Die Eigentumstitel an den wirklich bedeutenden dieser Kapitalgesellschaften werden von einigen Dutzend Familien gehalten. Dabei sind alle Mechanismen des staatsmonopolistischen Kapitalismus in Österreich darauf abgestimmt, daß die Verfügung auch über die dem Staat gehörenden Eigentumsanteile unbedingt und (soweit es mögliche Einflußnahmen kleiner Kapitaleigner betrifft) ausschließlich im Interesse des Finanzkapitals im gesamten oder einzelner seiner Gruppen erfolgt.

Das bedeutet aber: Auch die nichtaufgeteilten Gewinne der Kapitalgesellschaften müssen eigentumsmäßig zum größten Teil, hinsichtlich der Verfügungsgewalt praktisch zur Gänze dem Finanzkapital zugerechnet werden. Diese „unverteilten Gewinne" der Kapitalgesellschaften, also deren tatsächlicher Wertzuwachs in Form auch von Sachanlagen, scheint als größte Einzelpost bei den Gewinneinkommen laut Volkseinkommensrechnung auf.

Die unverteilten Gewinne der Kapitalgesellschaften machten 1983 laut Volkseinkommensrechnung 76,7 Milliarden Schilling aus. Das waren 28,4 Prozent aller Gewinneinkommen in Höhe von 270,1 Milliarden Schilling. Dazu kommen die nicht in Betriebsvermögen einfließenden Zinsengewinne der Großanleger. Das waren, wie früher berechnet, 32 Milliarden Schilling. Zusammen ergibt das für 1983 108,7 Milliarden Schilling zahlenmäßig nachweisbaren Zinsengewinn des Finanzkapitals, das waren 40,2 Prozent aller Gewinneinkommen.

Dieser zahlenmäßig nachweisbaren Profitmasse ist noch hinzuzufügen: Die ausgeschütteten Gewinne aller Kapitalgesellschaften. Vor allem sind das die ausgeschütteten Gewinne aller Banken und Versicherungen, aller AG, Ges. m. b. H. und anderen Kapitalgesellschaften. Diese brachten dem Finanzkapital jedenfalls mehrere Milliarden Schilling zusätzliche Profite, die in ihrer genauen Größe nicht erfaßbar sind. Dazu kommen schließlich die Bezüge der Spitzenmanager des Finanzkapitals, die in vielen Fällen jährlich mehrere Millionen Schilling betragen und in der Volkseinkommensrechnung gar nicht als Gewinn- sondern als „Lohn"-Einkommen ausgewiesen sind.

1973 betrugen die unverteilten Gewinne der Kapitalgesellschaften 40 Milliarden Schilling oder 32,4 Prozent der damals errechneten Gewinneinkommen von 123,5 Milliarden Schilling.

Um eine Doppelzählung zu vermeiden, errechnen wir aus der Tabelle auf Seite 42 in gleichem Verhältnis jenen Teil der Großzinsengewinne, die nicht in Betriebsvermögen flossen. Das waren 6,3 Milliarden Schilling von insgesamt zwölf Milliarden Schilling. Nachweisbar erhielt das Finanzkapital also 1973 zusammen 46,3 Milliarden Schilling oder 37,5 Prozent aller damals errechneten Gewinneinkommen. (Auch das war — aus den für 1983 angeführten Gründen — noch nicht der gesamte Profit des Finanzkapitals.)

Wenn wir nur von den nachweisbaren Zahlen ausgehen, ist somit in diesen zehn Jahren der Anteil des Finanzkapitals von 37,5 Prozent auf 40,2 Prozent aller Gewinne gestiegen. Dabei ist aber der unverteilte Betriebsgewinn der Kapitalgesellschaften von 32,4 Prozent auf 28,4

Prozent zurückgegangen. Der außerbetriebliche, reine Finanzgewinn des Finanzkapitals ist dafür um so stärker gestiegen: Von 5,1 Prozent auf 11,8 Prozent, das waren in Zahlen 1973 6,3 Milliarden Schilling, 1983 aber schon 32 Milliarden Schilling.

Graphik 3:
Gewinneinkommen 1973 und 1983
Insgesamt   123,5 Mrd. S   270,1 Mrd. S
davon:
unverteilte Gewinne der Kapitalgesellschaften (schraffierte Fläche)
                                                        40 Mrd. S   76,7 Mrd. S
außerbetriebliche Zinsengewinne des Finanzkapitals (schwarze Fläche)
                                                         6,3 Mrd. S   32 Mrd. S

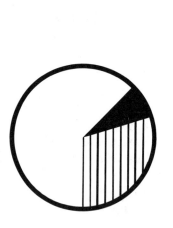 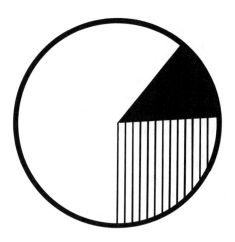

4. Kapitel

Das Finanzkapital: Identität und Funktion

Wir kommen zur wesentlichen Frage: Wer sind die Eigentümer des Finanzkapitals in Österreich? Lassen diese sich hinter der weitgehenden Anonymität dieser Kapitalform feststellen? Wie funktioniert diese überhaupt?

Wir lassen dabei vorerst die ausländischen transnationalen Konzerne außer Betracht. Vermerkt muß nur werden, daß ihre direkt sichtbare wie auch ihre wegen der Anonymität auch der Auslandsverflechtungen des Bankenapparats kaum abschätzbare Macht in Österreich groß ist.

Falsch wäre es, die beiden am Ende des vorigen Kapitels erwähnten Formen der Gewinnaneignung durch das Finanzkapital als personell getrennt zu betrachten. Rudolf Hilferding schreibt mit Recht (a. a. O., S. 306): „Haben wir gesehen, wie die Industrie immer mehr in Abhängigkeit gerät vom Bankkapital, so bedeutet das durchaus nicht, daß auch die Industriemagnaten abhängig werden von den Bankmagnaten. Wie vielmehr das Kapital selbst auf seiner höchsten Stufe zum Finanzkapital wird, so vereinigt sich der Kapitalmagnat, der Finanzkapitalist, immer mehr die Verfügung über das gesamte nationale Kapital in der Form der Beherrschung des Bankkapitals. Auch hier spielt die Personalunion eine wichtige Rolle."

Das gilt auch heute: Die größten Kapitalgruppen üben bestimmend Einfluß aus auf den Kapitalverwertungsprozeß im Rahmen des gesamten Reproduktionsprozesses des Kapitals. Basis ist dabei ihr Kapitaleigentum an Aktien- oder anderen Kapitalgesellschaften. Aber die gleichen Kapitalgruppen verfügen sicher über die größten Guthaben an Geldkapital. Die Möglichkeit, Teile ihres Kapitals, vor allem ihre Gewinne, als hohe und sichere Zinsen bringendes Finanzkapital anzulegen, war für sie am größten und wurde daher gerade von diesen Kapitalisten früh und in großem Umfang ausgenützt.

Die starke Steigerung des Zinsniveaus während der jüngst verflossenen vier Jahre ermöglichte es wieder gerade diesen stärksten Kapitalgruppen, die größten Beträge in zinstragendes Kapital umzuwandeln. Der vom Gesetz der Konkurrenz allen aufgezwungene Wettlauf nach optimaler Kapitalverwertung mußte in der Hochzinsperiode (die auch in Österreich anhält, allerdings nicht so stark wie in den USA) zu einem solchen Ergebnis führen. Daß die Zinsengewinne so stark zunahmen, kann auch nur dadurch erklärt werden, daß die reichsten Kapitalgruppen diesen Weg gegangen sind.

Zum Verständnis dessen ist auch eine Auseinandersetzung Lenins mit der Definition des Finanzkapitals von Rudolf Hilferding aufschlußreich. Hilferding gab in seinem 1910 erschienenen Werk „Das Finanzkapital", S. 338 und 339 (R. Hilferding: „Das Finanzkapital", Dietz-Verlag, Berlin 1947, S. 305), unter anderem folgende Definition:

„Ein immer wachsender Teil des Kapitals der Industrie gehört nicht den Industriellen, die es anwenden. Sie erhalten die Verfügung über das Kapital nur durch die Bank, die ihnen gegenüber den Eigentümer vertritt. Anderseits muß die Bank einen immer wachsenden Teil ihrer Kapitalien in der Industrie fixieren. Sie wird damit in immer größerem Umfang industrieller Kapitalist. Ich nenne das Bankkapital, also Kapital in Geldform, das auf diese Weise in Wirklichkeit in industrielles Kapital verwandelt ist, das Finanzkapital".

Dazu schreibt Lenin in „Der Imperialismus als höchstes Stadium des Kapitalismus" (Werke, Band 22, S. 230):

„Diese Definition ist insofern unvollständig, als ihr der Hinweis auf eines der wichtigsten Momente fehlt, nämlich auf die Zunahme der Konzentration der Produktion und des Kapitals in einem so hohen Grad, daß die Konzentration zum Monopol führt und geführt hat."

Hier muß daran erinnert werden, daß schon R. Hilferding sehr wohl diese Tendenz erkannt hat, was Lenin auch anführt. Hilferding schreibt zum Beispiel (a. a. O., S. 319):

„Die Tendenz zur Herstellung eines Generalkartells und die Tendenz zur Bildung einer Zentralbank treffen zusammen und aus ihrer Vereinigung die gewaltige Konzentrationsmacht des Finanzkapitals. Im Finanzkapital erscheinen alle partiellen Kapitalformen vereinigt..."

Ohne dieses höchst konzentrierte Kapital und sein maßgebendes

Gewicht innerhalb des gesamten langfristig angelegten Kapitals kann also nicht allgemein von Finanzkapital gesprochen werden. Die Breite des Wirkungsbereichs des Finanzkapitals signalisiert einen Entwicklungsstand, in dem die stärksten Gruppen des Monopolkapitals weitgehend ein Kapitalmonopol errichten konnten. In der Epoche des staatsmonopolistischen Kapitalismus wirkt dieses Monopol auch gegenüber ganzen Staaten. Das Verhältnis einiger Dutzend Entwicklungsländer gegenüber den international wirkenden Großbanken zeigt die Folgen dieses Monopols: Die gesamte Wirtschaftsentwicklung der hochverschuldeten Entwicklungsländer ist dem Diktat dieser Banken unterworfen. Die einzige Beschränkung dieses Diktats ist die Furcht, daß eine Überdrehung der Schraube, eine Überbelastung durch wirtschaftlichen Druck besonders bei den größten Schuldnern zu revolutionären Entwicklungen führen könnte, die einerseits mit dem Herausbrechen dieser Länder aus dem kapitalistischen System, andererseits aber mit dem Zusammenbruch des imperialistischen Finanzsystems enden könnten.

In Österreich sind die Größenordnungen andere. Aber die Dominanz der stärksten Kapitalgruppen innerhalb des Finanzkapitals ist gegeben. Auch der international in den letzten Jahren gängig gewordene Begriff „Finanzkonglomerate" kann mit vollem Recht auf diese Gruppen in Österreich angewendet werden.

Auch sie stellen wirtschaftliche Konglomerate dar. Ihr Kapital „arbeitet" offen oder anonym in verschiedenen Sparten von Industrie, Handel und Dienstleistungen usw., sie verfügen über Wertpapierdepots im In- und Ausland, beteiligen sich an internationalen Anleihen, können mit hunderten Millionen, ja mit Milliaden operieren, wenn es um kurzfristige Ausnützung von Währungs- oder Kursschwankungen geht. Fast alle diese Gruppen haben Tochter- meist Holdinggesellschaften in Liechtenstein oder in der Schweiz. Die Position in diesen „Steuererparadiesen", die fast absolute Anonymität (selbst im Fall gerichtlicher Untersuchungen) auf Grund des österreichischen Bankgeheimnisses, machen eine auch nur annähernde Feststellung des wahren Reichtums der einzelnen dieser Finanzkonglomerate praktisch unmöglich. Die Vermögenssteuerstatistik, die übrigens in Österreich mit mehrjähriger Verspätung veröffentlicht wird, erfaßt ganz offensichtlich wesentliche Teile der Großvermögen nicht. Diese Finanzkonglomerate üben die Monopolfunktion des Finanzkapitals aus. Sie sind die Finanzoligarchie von heute.

Allerdings gibt selbst die Übersicht über die Vermögenssteuer gewisse Hinweise. Dies, obwohl diese Übersicht um viele Jahre verspätet veröffentlicht wird. Die letzte derzeit vorliegende betrifft das Jahr 1980 („Statistische Nachrichten" 10, 1984). Damals gaben 1277 Vermögenssteuerpflichtige ein Vermögen von mehr als 30 Millionen Schilling an. Sie besaßen zusammen 186,9 Milliarden Schilling einbekanntes Vermögen. Das ergibt im Durchschnitt für jeden dieser 1277 Steuerpflichtigen 146 Millionen Schilling. Sicher verzerren die Großvermögen von 867 juridischen Personen (Kapitalgesellschaften usw.) diesen Durchschnittswert. Soweit es sich dabei aber nicht um verstaatlichte steuerpflichtige Unternehmen handelt, gehören auch diese Unternehmen dem Finanzkapital.

Jedenfalls gab es aber schon 1980 410 natürliche Personen in Österreich, die ein Vermögen von je mehr als 30 Millionen Schilling einbekannten. Insgesamt gaben sie 26,96 Milliarden Schilling Vermögen gegenüber der Steuerbehörde zu. Das waren je Person im Durchschnitt 65,8 Millonen Schilling. Um auf einen solchen Durchschnitt zu kommen, müssen die einbekannten Spitzenvermögen schon damals in die hunderte Millionen Schilling gegangen sein. Von nicht einbekannten, weil im Ausland befindlichen Vermögen gar nicht zu reden.

Trotz der Akkumulation von großen Finanzvermögen von insgesamt (wie im dritten Kapitel nachgewiesen) mehreren hundert Milliarden Schilling scheinen in der Vermögenssteuerstatistik 1980 insgesamt nur 64,9 Milliarden Schilling „sonstiges Vermögen" (in dem diese Finanzvermögen enthalten sein müßten) auf. Die Besitzer von Großvermögen von je mehr als 30 Millionen Schilling gaben zusammen sogar nur 14,8 Milliarden Schilling „sonstiges Vermögen" an. Die Versteuerung solcher Vermögen ist also seltene Ausnahme!

Die Einkommensteuerstatistik liegt „schon" für 1981 vor, also „nur" mit dreijähriger Verspätung. Sie gibt ebenfalls einen schwachen — aber imponierenden — Einblick in die Konzentration von Reichtum. 1981 gab es danach 359.777 Veranlagungsfälle mit einem einbekannten Jahreseinkommen von zusammen 89,8 Milliarden Schilling. Davon waren aber nur 2.97 Milliarden Schilling als Einkommen von Kapitalvermögen deklariert. Solche Einkommen werden offensichtlich von den großen Kapitaleignern so gut wie überhaupt nicht deklariert. Besonders arg ist es mit den Beziehern der höchsten Einkommen: 192 Österreicher gaben 1981 schon ein Jahreseinkommen von je mehr als zehn Millionen Schilling, zusammen 3,5 Milliarden Schilling zu. Im Durchschnitt machte das für jeden dieser Superreichen 18,2 Millionen Schilling aus.

Von diesen 3,5 Milliarden Schilling stammten aber 2,6 Milliarden Schilling aus Betriebsgewinnen und nur 400 Millionen Schilling wurden als Kapitalerträge einbekannt. Die reinen Zinsenerträge aus großen finanzkapitalistischen Veranlagungen a u ß e r h a l b der betrieblichen Gewinne machten 1981 schon einen v i e l d u t z e n d m a l größeren Betrag aus als hier einbekannt wurde!

Das Streben nach Profitmaximierung überwindet alle steuergesetzlichen Bestimmungen und moralische Hemmungen. Aber auch hier ist wieder klar, daß sich die Reichsten auch die teuersten Manager, Anwälte, Steuer- und Finanzberater leisten können. Sie können dadurch am optimalsten die jeweils günstigste Form der Kapitalverwertung ausnützen.

Es war ein zwangsläufiger Prozeß, daß insgesamt gesehen die stärksten Kapitalgruppen der Nachkriegsentwicklung in Österreich auch die entscheidenden Positionen bei der Herausbildung des Finanzkapitals einnahmen. Die Frage ist zu stellen, ob nicht Gewichtsverschiebungen innerhalb dieser Gruppen in den letzten 15 Jahren gerade darauf zurückzuführen sind, daß einige von ihnen nicht oder zu spät die neuen Bedingungen erkannten und ausnützten.

Probleme der Finanzverwaltung, des Finanzmanagements wurden zu den zentralen Fragen jeder bedeutenden Gruppe des Großkapitals, also der Finanzoligarchie in Österreich. Daß etwa die Turnauer-Gruppe, eine der „neuen" Gruppen des österreichischen Großkapitals, den vorherigen ÖVP-Bundesobmann Josef Taus als „Finanzchef" (konkret als Chef ihrer Beteiligungsgesellschaft „Constantia") anwarb und dieser die Werbung annahm, zeigte den Stellenwert einer solchen Funktion. (Es zeigt auch, wie nahe „verwandt" die Aufgabe des Chefs der einen großen Sozialpartnerschaftspartei mit der des Finanzchefs einer der bedeutendsten Gruppen des Finanzkapitals in Österreich ist.)

Wer sind nun diese Gruppen? Bald nach Kriegsende traten bekanntlich einige alte Familien des österreichischen Großkapitals wieder in den Vordergrund. (Daß einzelne recht eng mit dem Hitler-Faschismus verbunden gewesen waren — wie etwa die Schoeller —, war kein Hindernis.) Aber für die Struktur des Großkapitals bestimmend blieben die wirtschaftlichen Verluste am Ende des ersten Weltkriegs und der Zusammenbruch der deutschen Kapitalpositionen in Österreich mit dem Zusammenbruch des Hitler-Staates. Dadurch hatten sich in Österreich keine überragenden Kapitalgruppierungen (mit transnationalen Positionen) herausbilden beziehungsweise behaupten können, wie etwa Unilever und Philips in den Niederlanden, Nestle in der Schweiz oder einige Familien in Schweden.

Die vorhandenen Großproduktionsanlagen wichtiger Grundstoffindustrien wurden nach 1945 weitgehend verstaatlicht. Mit Zustimmung der politischen Vertreter auch des österreichischen Großkapitals. Die Zustimmung lohnte sich. Nachweisbar wurden in den nachfolgenden rund 15 Jahren besonders auf dem Weg der Rohstoffpreisgestaltung rund zwölf Milliarden (damalige) Schilling Wert aus diesen verstaatlichten Grundstoffbetrieben als Hilfe zur privaten Kapitalakkumulation an das Privatkapital umgeleitet. Dazu kamen die „normalen" Profite der von Warenhunger gekennzeichneten Aufbauperiode. Zusätzliche Profite entstanden aus der Wertveränderung von Grundbesitz besonders in der Umgebung der Städte aber auch beim Rohstoff Holz: Alte feudale Grund- und Großwaldbesitzungen, die in der Zwischenkriegszeit kaum einen Handelswert darstellten, erwiesen sich jetzt als „Goldgruben". Adelsfamilien wurden wieder reich.

Bestimmend wurde eine Art „Kartell" der reichsten Industriellenfamilien. An ihrer Spitze (wenn auch keineswegs an Gewicht alle anderen dominierend) standen die Schoeller und Mautner Markhof. Sie hatten entscheidend mitzureden, wenn es um die führenden Funktionen der Klassenverbände des Kapitals (Industriellenverband, Bundeswirtschaftskammer) ging. Sie bestimmten weitgehend die Vertreter in den Leitungsgremien der verstaatlichten Großbanken und Industrieunternehmen. Sie übten schließlich den maßgebenden Einfluß aus beim Aufbau der für den staatsmonopolistischen Kapitalismus in Österreich so kennzeichnenden und entscheidenden Sozialpartnerschaftsgremien sowie vor allem bei der personellen Besetzung der Kapitalvertreter in diesen Gremien.

Verschiebungen innerhalb des Großkapitals traten erst Ende der sechziger und Anfang der siebziger Jahre auf. Sie betrafen vor allem auch die Schoeller- und Mautner-Markhof-Gruppe. Die Schoeller-Gruppe mußte die Ankerbrot-Fabrik nach Verlusten abstoßen. Ihre Generalvertretung des amerikanischen Massey-Ferguson-Konzerns erwies sich nach Anfangserfolgen als „Flop". Neben anderen Positionsverlusten kam es zur spektakulären Textil-Ost-Pleite. Die Schoeller setzten ihr ganzes Gewicht ein. Sie erreichten (während eines SPÖ-Parteitags) sogar eine Zustimmung der SPÖ-Spitze, daß die verstaatlichte Credit-Anstalt (die größte Bank Österreichs) in Sanierungsversuche eingeschaltet wurde. Das Ergebnis war: Die CA wurde schließlich mit rund 600 bis 700 Millionen Schilling Verlust in die Pleite hineingezogen. Die Bankpositionen der Schoeller-Gruppe wurden dezimiert. Als Folge der Intervention „in eigener Sache" mußten außerdem Schlüsselpositionen innerhalb der Organisationen des Großkapitals geräumt werden.

Ähnlich, wenn auch nicht auf so dramatische Weise hat die Gruppe Mautner Markhof an Gewicht verloren.

Beide Gruppen hatten offenbar die Notwendigkeit bestimmter Umstellungen nicht rechtzeitig erkannt. Dabei ging es nicht so sehr um Änderungen im Produktionsprofil und der konkreten Organisation einzelner Bereiche, die auch wichtig waren und bleiben. Hauptfrage war, daß die Notwendigkeit eines modernen Finanzmanagements zu spät erkannt wurde. Ein solches erfordert den rücksichtslos optimalen Kapitaleinsatz, rasches Aussteigen aus verlustbringenden Zweigen beziehungsweise rücksichtsloses Rationalisieren.

Überreste patriarchalischer Leitungsmethoden können in relativ kurzer Zeit so schweren Schaden (für die betreffende Kapitalgruppe natürlich) anrichten, daß selbst eine während der fünfziger Jahre unanfechtbar scheinende Position wie die der Schoeller-Gruppe in Österreich 15 bis 20 Jahre später zumindest stark angeschlagen ist. (Eine genaue Untersuchung des Einflußverlustes gerade der beiden erwähnten Kapitalgruppen wäre eine dankenswerte Aufgabe.)

Zu den alten, bekannten Namen des österreichischen Großkapitals, zu denen natürlich auch weiter Schoeller und Mautner Markhof gehören, kamen neue dazu: die schon erwähnte Turnauer-Gruppe, Beurle von der BrauAG (die Mautner Markhofs Position in dieser

Sparte an sich riß), Hatschek, Swarowski, Umdasch und mehrere andere.

Das ist nur eine Aufzählung von Beispielen, keine Analyse. Über die Turnauer-Gruppe z. B. macht die „Presse" am 31. Oktober 1984 folgende Angaben: Jahresumsatz acht Milliarden Schilling, 4000 Beschäftigte, Industriefirmen wie Neusiedler-Papier, Isovolta, Teich, Duropack (dazu die von der „Presse" nicht erwähnte Funder-Plattenfabrik) und die von Taus geleitete schon erwähnte „Constantia".

Wenn auch nicht in Form einer gründlich fundierten Untersuchung, sondern mehr als journalistische Reportage hat Georg Weiland viele dieser (alten wie neuen) Namen gesammelt und veröffentlicht.

Die wissenschaftliche Sammlung aller Hinweise auf Umfang und Einflußbereiche dieser Kapitalgruppen steht noch aus. Sie könnte wohl nur durch einen Apparat erfolgen, wie ihn etwa die Arbeiterkammer zur Verfügung hat. Im Geist der Sozialpartnerschaft besteht in dieser Richtung aber wenig Aussicht.

Sicher kann allerdings angenommen werden: Es gibt auch heute keine einzelne Gruppe (und auch nicht zwei oder drei zusammen), die für sich allein den gesamten Verwertungsprozeß des Kapitals in Österreich dominieren könnte. Nicht beantworten läßt sich die Frage, ob gegenwärtig irgendeine Einzelgruppe wieder einen solchen Einfluß auszuüben vermag wie etwa die Schoeller-Gruppe während der fünfziger und bis in die sechziger Jahre.

Es gibt ein wenig beachtetes Indiz, daß diese Einschätzung der kartellartigen Form der Monopolisierung des österreichischen Großkapitals richtig ist: Das ist seine Haltung gegenüber dem großen verstaatlichten Sektor des Bankwesens und der Industrie. Selbst die Perioden schärfster Angriffe gegen diesen Sektor (wie während der letzten Krisenjahre) haben bisher nicht zur Forderung nach einer gesamten Reprivatisierung ganzer Zweige geführt, sie sind immer nur auf das Herausbrechen oder Unterwandern (durch Kapitalbeteiligungen oder gemeinsame Tochterfirmen) von potentiell oder tatsächlich gewinnbringenden Betrieben — nicht aber der Banken — hinausgelaufen. Letzteres entspricht den Interessen dieser oder jener Gruppe des Großkapitals. Ersteres wäre nur dann realisierbar und daher als Forderung denkbar, wenn bereits genügend potente Übernehmer (ein einzelner oder eine kleine Gruppe) bereitstünden. Gegenwärtig stünden solche nur in Gestalt großer ausländischer Gruppen des Finanzkapitals bereit. Es ist sicher nicht Patriotismus, daß die entscheidenden Kräfte des österreichischen Großkapitals nicht interessiert sind, daß mächtige Gruppen des ausländischen Finanzkapitals auch die entscheidenden Positionen der österreichischen Wirtschaft voll in die Hand bekämen.

Diesem Kartell des österreichischen Großkapitals fällt es naturgemäß leichter, seine Klasseninteressen unter Ausnützung eines im Rahmen des staatsmonopolistischen Kapitalismus letztlich doch von ihm geleiteten verstaatlichten Bankenapparats und der verstaatlichten Grundstoffindustrie durchzusetzen als gegenüber einer übermächtigen ausländischen Kapitalgruppe.[1]

Die Kartellfunktion dieser zusammengeschlossenen Kraft der stärksten Gruppen des österreichischen Finanzkapitals wird auch in anderer Hinsicht wirksam: Sie ermöglicht diesen stärksten Gruppen das Kapitalmonopol durch Einbeziehung auch fast des gesamten akkumulierten Kapitals, ja selbst des Spargelds der übrigen Gesellschaftsgruppen so effektiv zu machen wie in anderen Ländern wesentlich stärkere Führungsgruppen des Finanzkapitals.

Die Herausbildung des Monopolkapitals in der besonderen Form von Kartellen (im Gegensatz zu der trustartigen Herausbildung in den anderen führenden Industriestaaten) war schon zur Zeit der Habsburger Monarchie eine Besonderheit Österreichs. Das österreichische Großkapital hat da also einschlägige Erfahrung. Auch bei der Herausbildung der „Sozialpartnerschaft" als spezifischer Funktionsform des staatsmonopolistischen Kapitalismus in Österreich trat das Großkapital in der Art eines Gesamtkartells auf. Durch die feste Einbindung von SPÖ- und Gewerkschaftsspitze in seinen Wirkungsmechanismus funktioniert dieses besonders effektiv. Das gilt auch für die Herausbildung des heutigen Finanzkapitals und der herrschenden Finanzoligarchie in Österreich. Daß der von uns betrachtete Zeitraum von dessen

---

[1] Hier muß daran erinnert werden, daß in der Zeit der Ersten Republik (1918 bis 1938) die entscheidenden Großbanken und die wichtigsten Großindustriebetriebe übermächtigen Gruppen des ausländischen Finanzkapitals gehörten. Das war mit ein wesentlicher Grund für die besonders ungünstige wirtschaftliche Entwicklung Österreichs in dieser Zeit.

besonders starkem Wachstum zwischen 1973 und 1983 zur Gänze in die Zeit einer SPÖ-Regierung fällt, beweist dies.

Das Vordringen des Finanzkapitals, die Errichtung eines umfassenden Kapitalmonopols hat mit funktionellen auch soziale Veränderungen bewirkt. Neben und in enger Verbindung mit dem machtausübenden Kartell des Finanzkapitals ist eine — zahlenmäßig sicher breitere — Schicht von Kapitalisten (oder auch Vermögensbesitzern anderer Herkunft) entstanden, deren Kapitalverwertung zur Gänze oder überwiegend durch Veranlagungen erfolgt. Die Möglichkeit, durch Veranlagungen von Kapitalien ohne das Risiko des direkten Einsatzes im Reproduktionsprozeß zumindest vorerst sichere und derzeit sehr hohe Zinsen zu erhalten, hat nicht wenig aktive Kapitalisten veranlaßt, ihr Kapital aus der Produktion herauszuziehen. Unternehmen oder deren Anteile wurden nicht selten an zahlungskräftige (oft ausländische) Konkurrenten verkauft. (Man braucht nur die diesbezüglichen Meldungen der Wirtschaftspresse zu verfolgen!) Der Kaufpreis wird natürlich wieder veranlagt.

Selbst im Fall von Bankrotten ist es heute die Regel, daß die rechtliche Konstruktion die Haupt- oder Volleigentümer zu einem großen Teil oder zur Gänze vor Vermögensverlusten bewahrt. Dieses aus der unmittelbaren „Feuerlinie" des kapitalistischen Reproduktionsprozesses herausgezogene Kapital geht meist den Weg der finanzkapitalistischen Veranlagung. Aber nicht nur dieses. Hier treffen sich Vermögen jeder nur denkbaren Herkunft. Spekulationsgewinne wie Bestechungszahlungen (oft auf dem Weg über die Schweiz), Barerlöse von ererbten feudalen Vermögen bis zur Beute aus Betrug oder Rauschgifthandel. Es gehört zum Wesen des Finanzkapitals, alle Unterschiede der Herkunft und der Entstehung dieser Vermögen in seiner gesetzlich geschützten Anonymität verschwinden zu lassen.

Solche Vermögen sichern zweifellos die soziale Zugehörigkeit zur Klasse der Finanzkapitalisten, wenn mit ihnen auch keine Mitentscheidung im führenden Kartell des Finanzkapitals, also der Finanzoligarchie verbunden ist.

Die laufenden Einkommen aus einem solchen Vermögen von 6,8 oder auch mehr als zehn Millionen Schilling waren (besonders da meist unversteuert) schon vor der Hochzinsperiode durchaus großbürgerlich. Da die Zinsen jetzt schon fast vier Jahre sehr hoch sind, hat sich die

Lage dieses Teils der Kapitalistenklasse gegenüber dem „aktiven", im Reproduktionsprozeß wirkenden Kapital deutlich verbessert. Der von Lenin gezeigte wucherische, ja schmarotzerische Charakter des Finanzkapitals kommt hier sichtbar zum Ausdruck.

Die starke Gewichtszunahme des Finanzkapitals hat zu einer weiteren funktionellen und sozialen Folge geführt: Die Bedeutung jener Managerschicht hat spürbar zugenommen, die sich in Österreich seit der Etablierung des „sozialpartnerschaftlich" organisierten staatsmonopolistischen Kapitalismus herausgebildet hat. Es entspricht dem staatsmonopolistischen Charakter der herrschenden kapitalistischen Gesellschaft, daß sich diese Managerschicht keineswegs mehr ausschließlich aus den wirtschaftlichen Bereichen rekrutiert. Für viele führt der Weg ins Spitzenmanagement des Finanzkapitals heute über politische Funktionen (und umgekehrt). Dabei ist es angesichts der festen Einbindung von SPÖ- und Gewerkschaftsspitze durch die „Sozialpartnerschaft" in dieses System nicht verwunderlich, daß ein großer Teil dieser Manager aus Kreisen der SPÖ-, der Gewerkschafts- und Arbeiterkammerbürokratie kommt.

Das Kartell des Finanzkapitals wird gerade dadurch besonders wirksam, weil es mit Hilfe der institutionalisierten „Sozialpartnerschaft" (und durch Einschaltung des Staates) seine Entscheidungen gegenüber der gesamten Gesellschaft, vor allem gegenüber der Arbeiterklasse durchsetzt. Von Anfang an waren alle für die Gewinne des Finanzkapitals sensiblen Wirtschaftsgebiete voll den Sozialpartneschaftsgremien unterstellt: Währungs-, Geld- und Kreditwesen, die Anleihe- und Zinspolitik usw.

Die Kartellform der Herrschaftsausübung bewirkt aber ihrerseits auch das relativ große Gewicht, ja die in manchen Fällen relativ große Entscheidungskompetenz dieser Manager und ihrer Gremien. Dabei spielt die politische Herkunft des einzelnen (fast) keine Rolle mehr. Taus oder Koren von der ÖVP können genauso angeführt werden, wie Androsch oder Vranitzky von der SPÖ. In dieser Hinsicht ist es durchaus nicht paradox, daß dieses stürmische Vordringen des Finanzkapitals in Österreich gerade in die Zeit der SP-Regierung fällt.

Dies hinderte bekanntlich die SPÖ nicht, auf mehreren Parteitagen in dieser Periode die These zu diskutieren, daß der „Wohlfahrtsstaat" bereits verwirklicht sei und Österreich nun vor dem Übergang zur

„sozialen Demokratie" stehe. Aber das war Theorie. In der Praxis schuf zu eben dieser Zeit die Regierung der SPÖ und vor allem Vizekanzler und Vorsitzenderstellvertreter Hannes Androsch entscheidend mit jene Bedingungen, unter denen schließlich jeder zehnte Budgetschilling und fast die Hälfte aller Gewinneinkommen in Österreich in die Taschen des Finanzkapitals fließen.

Postenrochaden zwischen finanzwirtschaftlichen und politischen Spitzenfunktionen wie die der oben erwähnten vier Namen, sind dabei ganz normal. Selbst ein durchaus rechter, reformistischer Sozialdemokrat, wie der Tiroler Herbert Salcher paßte dagegen als Finanzminister nicht in dieses System. Das Urteil des Finanzkapitals war bald gefällt: Ihm fehlt die „fachliche Kompetenz", in einer solchen Schlüsselstellung genügend wirkungsvoll die Interessen des Finanzkapitals zu vertreten. Und unter dem offenen und lauten Beifall des Finanzkapitals, seiner Interessenverbände und Medien wurde der „brave Parteisoldat" Salcher von der eigenen Partei als Finanzminister gefeuert. Die soziale Situation dieser Schicht von wirtschaftlichen und politischen Managern des staatsmonopolistischen Kapitalismus ist heute weitgehend bekannt. Das öffentliche Interesse ist dabei stärker auf die Politmanager gerichtet. Bei Gehältern und Benefizien der Wirtschaftsmanager, die direkt und sichtbar an ihrer Leistung im Interesse des Finanzkapitals gemessen werden, ist die veröffentlichte Meinung toleranter. Sie sind ja die erklärten „Stabsoffiziere" des Finanzkapitals. In Uniform sozusagen. Ihr Lebensstil muß dem entsprechen. Die Spitzenpolitiker dagegen haben die Interessen des Finanzkapitals zwar auch zu vertreten, können dies aber nur dann, wenn die Masse ihrer Wähler dies nicht merkt. Alle anderen Schichten der Gesellschaft leben ja schlechter als das Finanzkapital. Sie müssen aber in der Meinung gehalten werden, daß die von ihnen gewählten Politiker letzten Endes doch ihre jeweiligen Interessen zumindest berücksichtigen, seien sie nun Lohnabhängige, Bauern, Gewerbetreibende usw. Diese Politmanager sind zwar auch Stabsoffiziere des Finanzkapitals, können aber nicht in der strahlenden Uniform solcher Offiziere auftreten. Das gerade ist der Hintergrund der schwelenden und alle paar Jahre auch offen aufbrechenden Privilegiendiskussion, die nicht zufällig immer auf die politischen Mandatare zugespitzt ist, während (worüber sich selbst Kreisky beklagte) viel höhere Bezüge und

Privilegien der Spitzenmanager der Wirtschaft kaum beachtet werden. Dieses Problem konnte und kann auch das Kartell des Finanzkapitals nicht lösen.

Alle bisher erwähnten sozialen Gruppen zusammen machen allerdings höchstens einige tausend Familien in Österreich aus. Das ist eine recht schmale soziale Basis, selbst wenn man den meinungsbildenden Einfluß gerade dieser Schicht in Rechnung stellt.

Eine weitere Begleiterscheinung des Vordringens des Finanzkapitals hat aber einen starken Einfluß auf eine viel breitere Schicht von besser verdienenden Angehörigen aller anderen sozialen Gruppen. Um einen möglichst großen Teil des gesamten Spargeldes der Gesellschaft für langfristige Veranlagungen verfügbar zu machen, wurde besonders Ende der sechziger Jahre mit einem ganzen System der Förderung solcher gebundener Sparformen begonnen. Prämiensparen, Prämien für Bausparen und Steuerbegünstigungen für Versicherungssparen, besondere Begünstigungen für Wertpapiersparen usw. gehören dazu.

Um diese Möglichkeiten auszunützen, ist natürlich eine bestimmte Einkommenshöhe Voraussetzung. Einige der Förderungen (z. B. Versicherungssparen) sind so angelegt, daß sie um so höher werden, je größer das Einkommen ist. Aber insgesamt ist bei Ausnützung aller dieser Sparformen ein laufendes Zinseneinkommen erreichbar, das durchaus als „zweites Einkommen" (die Geldinstitute werben sogar mit der Möglichkeit einer „zweiten Pension") betrachtet werden kann. Natürlich können fast keine Arbeiter und auch kaum Angestellte mit Durchschnittseinkommen von diesen reichen Förderungsströmen schöpfen. Sehr wohl aber mittlere Unternehmer, Freiberufler, Angestellte mit Spitzeneinkommen usw.

Der Gewinnanteil, den das Finanzkapital in den letzten Jahren zusätzlich an sich zog, ging offensichtlich zu Lasten bisheriger Gewinne vor allem mittlerer und kleiner Unternehmer. Jene unter ihnen, die lernten, die verschiedenen Formen direkter und indirekter Wirtschaftsförderung in ihren Betrieben und überdies privat alle diese angebotenen Sparbegünstigungen systematisch auszunützen, konnten einen Ausgleich finden. Den verdanken sie aber eben diesen finanzkapitalistischen Maßnahmen.

Damit diese Form der langfristigen Sparkapitalbildung den gewünschten Umfang annahm, mußte eine psychologische Barriere überwunden werden: Die von der Werbung Angesprochenen hatten vielfach in ihrer elterlichen wie großelterlichen Generation je eine totale Entwertung solcher Wertpapierdepots zu verkraften gehabt.

Der Vorteil und die Sicherheit von realem Besitz (an Kapital, Grundstücken usw.) wog in ihrem Bewußtsein lange Zeit die Möglichkeit des Zinsengewinns auf.

Hier erfolgten ganz außergewöhnliche Sparförderungen besonders bei langfristigen Wertpapieren. In der zweiten Hälfte der sechziger Jahre wurden Begünstigungen beim Ankauf langfristiger österreichischer Anleihen, die bis dahin nur innerhalb von Betriebsvermögen steuerlich geltend gemacht werden konnten, auf jede physische Person ausgedehnt. Bei Ankäufen neu aufgelegter österreichischer Wertpapiere und deren Hinterlegung bei einer Bank für die Laufzeit von durchschnittlich acht Jahren, zahlte der Staat bis zu 100.000 Schilling je Person anfangs sogar 15 Prozent des Kaufpreises dazu und garantiert die Steuerfreiheit der Zinsenerträge für die ganze Laufzeit. Auch bei der Vermögenssteuer wurde ein Teil dieser begünstigten Wertpapierdepots steuerfrei gestellt. Später wurde der Zuschuß beim Ankauf zwar reduziert und schließlich gestrichen, aber die Steuerfreiheit der Zinsen blieb bis heute.

Hier wird besonders deutlich sichtbar, wer mit dieser Möglichkeit angesprochen wurde. Es waren jene Familien, die jährlich pro Familienmitglied wirklich bedeutende Beträge langfristig „sparen" können. Bei einer vierköpfigen Familie bis zu 400.000 Schilling im Jahr. Ich habe bei der Zuordnung der Sparzinsen auch Zinsengewinne dieser begünstigten Wertpapiersparer im wesentlichen den echten Sparzinsen zugezählt. Aber es ist klar: In nennenswertem Umfang konnten nur erheblich über dem Durchschnitt Verdienende davon Gebrauch machen. Wer das allerdings kann, hat allein auf diesem Weg die Möglichkeit, innerhalb einiger Jahre — wenn wir bei der vierköpfigen Familie bleiben — einen Wertpapierfonds von mehr als drei Millionen Schilling anzusammeln. Die Zinsen aus diesen Wertpapieren sind legal steuerfrei. Bei acht Prozent macht das im Jahr 240.000 Schilling aus. Das sind monatlich 20.000 Schilling, was bei entsprechender Versteuerung einem zweiten Bruttoeinkommen von mehr als 35.000 Schilling entspricht! Das ist selbst für in bürgerlichen Einkommenskategorien Denkende durchaus verlockend.

Eine im Jahr 1969 durchgeführte Untersuchung des österreichischen Forschungsinstituts für Sparkassenwesen ergab, daß vier Prozent der österreichischen Haushalte über festverzinsliche Wertpapiere und ein Prozent über Aktien verfügen. Ein späteres Ergebnis ist nicht veröffentlicht, doch erwähnte CA-Generaldirektor Hannes Androsch im Frühjahr 1984 die Zahl von fünf Prozent der Haushalte als im Besitz von Wertpapieren. Das waren immerhin rund 200.000 Familien, die weitaus große Mehrzahl davon natürlich nicht im Besitz der theoretisch möglichen Höchstbestände steuerbegünstigter Papiere.

Das alles macht keine neue soziale Gruppe aus. Aber es beeinflußt Denken, Handeln, Wertbegriffe und Verhaltensweisen einer im gesellschaftlichen Ganzen durchaus ins Gewicht fallende Schicht. Nicht mehr Fleiß und bürgerliche Tüchtigkeit im erlernten Beruf, sondern die Fähigkeit des geschickten Ausnützens leichter Gewinnmöglichkeiten kennzeichnen jetzt die „Tüchtigen".

Dazu kommt: Das Vordringen des Finanzkapitals hat ganz neue Dienstleistungen zu Berufen werden, andere, bereits bestehende Berufe an Bedeutung gewinnen lassen: Anlageberater, Steuerberater, Wirtschaftsanwälte usw.

Neben und teilweise aus dem traditionellen bürgerlich-gewerblichen Mittelstand, der unter dem Druck des Finanzkapitals bedeutend verloren hat, sind verstärkt die neuen an den finanzkapitalistischen Möglichkeiten (wenn auch insgesamt nur bescheiden) partizipierenden „Aufsteiger" getreten: geldgierig, provisionslüstern, wendig, meist hart an oder schon über der Grenze des Gesetzlichen agierend — kurz die vielen „kleinen Androschs".

Dabei ist das alles keineswegs eine neue Klasse der Gesellschaft. Im Schlepptau des wiedererstarkenden Finanzkapitals ist auch der typische Rentier aller Abstufungen wieder da. Genau so wie Lenin ihn schon geschildert hat. Zumindest bis zur nächsten galoppierenden oder gar totalen Entwertung dieser Anhäufungen von fiktivem Kapital, dieser papierenen Anweisungen auf reales Kapital, von denen aber im Weltmaßstab heute schon niemand mehr genau sagen kann, ob und wie weit sie wirklich noch durch real existierendes Kapital „gedeckt" sind.

Spätestens zu diesem Zeitpunkt wird der qualitative Unterschied zwischen der eigentlichen Finanzoligarchie, den führenden finanzkapitalistischen Gruppen und den übrigen „mitschmarotzenden" Schichten der finanzkapitalistischen Profitaneignung deutlich zutage treten. Galoppierende Inflation, Börsenkrach, ja selbst ein Staatsbankrott — alles tödliche Gefahren für Anhäufungen rein fiktiven Vermögens — können die Positionen der führenden finanzkapitalistischen Gruppen insgesamt nicht erschüttern. Wird dabei die eine oder andere Gruppe geschwächt, werden nur die übrigen um so stärker. Ihre Machtposition beruht ja auf ihrer Verankerung im realen Reproduktionsprozeß (durch Aktienmehrheiten, Beteiligungen usw.). Sie gehen so aus jeder denkbaren ökonomischen Erschütterung gestärkt hervor, solange diese nicht zur erfolgreichen revolutionären Umgestaltung der gesellschaftlichen Verhältnisse insgesamt führt.

5. Kapitel

Die Verflechtung mit dem internationalen Finanzkapital

Das Finanzkapital duldet seinem Wesen nach auf die Dauer keine Einschränkung in Landesgrenzen. Es wirkt international. Seine stärksten Zusammenballungen überwinden alle Hindernisse und dringen in die Poren jedes anderen kapitalistischen und vorkapitalistischen Landes, jeder ehemaligen Kolonie, die nicht die Verbindungen zu den imperialistischen Mächten abgebrochen hat. Die Verlockung, durch Aufnahme „günstiger" Kredite, die eigene Wirtschaftsentwicklung beschleunigen zu können, hat Wirkung selbst in sozialistischen Ländern gezeitigt. In Einzelfällen hat dies zu beträchtlichen Schwierigkeiten geführt.

Im Wirken des Finanzkapitals innerhalb der kapitalistischen Welt ist das Schlagwort vom „freien Kapitalverkehr" nur noch für Naive mit der Vorstellung verbunden, daß bei seiner Verwirklichung Kapitalströme aus den „reichen" in „ärmere" Länder fließen, um dort neue Betriebe, neue Produktionen, neue Beschäftigungs- und Entwicklungsmöglichkeiten aufzubauen. Soweit transnationale Konzerne tatsächlich in ärmeren Ländern neue Produktionsstätten errichten, dienen diese keiner Entwicklungsstrategie dieser Länder, sondern nur der Profitstrategie der Konzerne und werden überdies vielfach von im Land selbst vorher akkumulierten Profiten und öffentlichen Förderungsmitteln finanziert.

Der freie Kapitalverkehr öffnet heute vor allem dem zinstragenden Finanzkapital, der gewinnbringenden Veranlagung als Kredite, Termineinlagen, Anleihen und anderen Zinsen bringenden Wertpapieren über die Ländergrenzen hinweg die Tore.

Inbegriff dieses freien Kapitalverkehrs ist in der jüngeren Vergangenheit die Herausbildung des Eurovalutenmarkts geworden. Die starke Zunahme des Umfangs der Anleihen und Kredite in sogenannten Eurodollars und später auch anderen Eurowährungen erklärt sich aus dem dringenden Bedarf des Finanzkapitals an einer solchen Möglichkeit absoluter Internationalisierung seines Wirkens.

Absolut — im Sinn der vollständigen Loslösung von gesetzlichen und währungspolitischen Bestimmungen der eigenen Länder und Währungsbehörden. Entstanden ist dieser Markt auf dem Nährboden großer „heimatloser" Dollarbestände während der sechziger Jahre. Heimatlos waren sie dadurch geworden, daß in der Endphase der Bretton-Woods-Periode das US-Kapital seine Dollars überall in der Welt (besonders aber in Westeuropa) zum durch die künstliche Goldparität überhöhten Wert gern ausgab, aber diese Dollars viel weniger gern wieder gegen reale Werte oder Veranlagungen zurücknahm. Als die Partner diese Dollars schließlich gegen Gold eingelöst haben wollten, stellte die US-Regierung diese Einlösung ein, und das ganze Bretton-Woods-System brach zusammen. Aber trotz dem einsetzenden Wertverfall des Dollars blieb er allgemein anerkannte internationale Verrechnungswährung. Versuche der Hauptkonkurrenten, ihn durch DM, Yen und andere Währungen zu ersetzen, hatten nur bescheidenen Erfolg. Der Dollar blieb daher gefragte Anleihewährung, wenn die Zinssätze des Werbers günstig genug schienen. Die westeuropäischen Banken machten aus der Not ihrer Dollarbestände eine Tugend und begannen Dollarkredite zu vergeben, die den Vorteil hatten, daß sie nicht mehr der US-Gesetzgebung oder US-Abgabenbestimmungen unterlagen.

Gegenwärtig (Ende 1984) gibt es geschätzte 1900 Milliarden Dollar Euroanleihen. Das entspricht umgerechnet rund 39.000 Milliarden Schilling oder etwa dem 40fachen des gesamten österreichischen Volkseinkommens. Davon lauten 80 Prozent auf Dollar. (Börsen-Kurier v. 9. 8. 1984). Dieses Niveau wurde innerhalb von nur 15 Jahren erreicht.[1]

Natürlich haben nur die großen Banken, die multinationalen Kon-

---

[1] Bei dieser Gesamtsumme gibt es allerdings auch Doppelzählungen, da zum Teil aufgenommene Eurogelder wieder weiter auf dem Euromarkt veranlagt werden.

zerne und die Regierungen die Möglichkeit, auf diesem raschen Weg Anleihen aufzunehmen oder zu vergeben. Die Banken sind bei der Vergabe dieser Kredite vorsichtig geworden. So konnten 1983 die Entwicklungsländer bei insgesamt 76 Milliarden Dollar Neuemissionen von Euroanleihen nur noch drei Prozent dieser Gesamtsumme unterbringen. Im Jahr vorher hatte dieser Anteil noch sechs Prozent betragen, wenig vorher war er noch höher gewesen. Die Schuldenkrise wirkte sich aus.

Im zwischenbanklichen Verkehr der hochentwickelten kapitalistischen Länder spiegelt sich diese Entwicklung in einer raschen Zunahme der Auslandsverflechtungen der Finanztransaktionen wider. Diese starke Zunahme hat auch Österreich mit einbezogen. Auch dabei spielen Euro-Währungs-Transaktionen eine große Rolle. Aber nicht nur sie.

Die Verpflichtungen österreichischer Kreditunternehmungen gegenüber Ausländern in Fremdwährungen und Schilling betrugen Ende 1983 schon die gigantische Summe von 509,7 Milliarden Schilling. Darin sind die direkten Kapitalanlagen von Ausländern in österreichischen Unternehmen, Lieferschulden aus nicht über Banken abgewickelten Importgeschäften und der größte Teil der Fremdwährungskredite des Staates n i c h t enthalten. Auf der anderen Seite betrugen die Forderungen der österreichischen Kreditinstitute gegenüber Ausländern 497,9 Milliarden Schilling. Hier sind wieder Forderungen aus Handelsgeschäften nicht enthalten, bei deren Kreditabwicklung keine Bank eingeschaltet war.

Zehn Jahre vorher hatten die Verpflichtungen österreichischer Kreditunternehmen gegenüber Ausländern erst 70,4 Milliarden Schilling, ihre Forderungen gegenüber Ausländern erst 70,1 Milliarden Schilling betragen.

Im Laufe des Jahres 1984 stieg der Umfang dieser Positionen in jeder Richtung um je weitere rund 100 Milliarden Schilling.

In einer bemerkenswerten Studie („Die österreichische Kapitalbilanz 1954 bis 1982", WIFO-Monatsberichte 7, 1983, S. 439 ff.) untersuchte Peter Mooslechner dazu systematisch das zugängliche Material. Sein Ergebnis geht noch weiter als die von mir angeführten Zahlen schon beweisen. So errechnet Mooslechner, daß Kapitalimporte und Kapitalexporte zusammen im Jahresdurchschnitt zwischen

1960 und 1964 je 1,6 Prozent des österreichischen BNP erreichten, 1980 bis 1982 im Jahresdurchschnitt aber schon je 13,6 Prozent des BNP.

Der Deviseneingang und -ausgang aus dem Kapitalverkehr (ohne kurzfristige ÖNB-Transaktionen[2] zur Kurssicherung und ohne Handelskredite von exportierenden Firmen) stieg von jahresdurchschnittlich 33,5 Milliarden Schilling zwischen 1970 und 1974 auf jahresdurchschnittlich 145,4 Milliarden Schilling zwischen 1980 und 1982. Mooslechner berechnet: „Das kumulierte Kapitalverkehrsvolumen des Zeitraums 1954 bis 1969 erreichte nur wenig mehr als die Hälfte des im Zeitraum 1980 bis 1982 pro Jahr erzielten Wertes."

Das Jahr 1970 bedeutete einen qualitativen Sprung in der internationalen Verflechtung der finanzkapitalistischen Transaktion österreichischer Banken. Mooslechner bringt zu Recht die qualitative Veränderung in Zusammenhang mit internationalen Entwicklungen (S. 444):

„... ab etwa 1970 kumuliert[3] eine Reihe internationaler Einflüsse in einer weltweiten Aufblähung der internationalen Finanzbeziehungen, an der auch Österreich teilhat. Dazu zählen vor allem die Flexibilisierung des Wechselkurssystems, die weltweite Umstrukturierung der Leistungsbilanzsalden und — eng mit beiden Erscheinungen verbunden — ein verselbständigtes Wachstum zumindest eines Teils der internationalen Finanzmärkte (Eurofinanzmärkte)."

Er erwähnt den Zusammenhang mit dem Übergang vom Bretton-Woods-System zu verschiedenen Formen flexibler Wechselkurse und fährt fort (S. 444/45):

„Dieser Übergang war von erhöhten Unsicherheiten sowohl im realwirtschaftlichen wie im finanziellen Bereich geprägt, die sich in der Folge in einer erhöhten internationalen Mobilität von Finanzkapital und einem verstärkten Ausbau internationaler Finanzierungsverflechtungen niederschlagen."

Und schließlich: „In den folgenden Jahren erhielt die Integration Österreichs in die internationalen Finanzmärkte durch steigende

---

[2] Die Österreichische Nationalbank (ÖNB) muß wie jede Notenbank ihre Devisenreserven ständig den Erfordernissen der Nachfrage und der Wertsicherung anpassen und zu diesem Zweck oft Devisen kurzfristig im Ausland an- und verkaufen.

[3] kumulieren=sich anhäufen, ansammeln.

Leistungsbilanzdefizite und die Auslandsfinanzierung der Budgetdefizite zusätzlich Impulse."

Auf das, was in Mooslechners Studie fehlt, wird noch eingegangen werden. Hier sei nur vermerkt: Obwohl er zu Recht die Einbeziehung Österreichs in die Wirkungsmechanismen des internationalen Finanzkapitals als qualitativen Entwicklungssprung erkennt, geht er weder hier noch sonst in der Studie auf jene Faktoren ein, die das Hauptmotiv für das Wirken des Finanzkapitals sichtbar machen könnten, nämlich die Erzielung eines möglichst hohen und sicheren Zinsengewinns.

Zur Illustration des besonders raschen Wachstums der internationalen Verflechtung des österreichischen Bankensystems führt Mooslechner eine Aufstellung der diesbezüglichen Entwicklung der OECD-Staaten an. Dabei stellt er fest (S. 452): „Bei der Zunahme des durchschnittlichen Auslandanteils erreicht Österreich zwischen 1970 und 1981 mit 15,9 Prozentpunkten den fünfthöchsten Wert dieser Länder, hat also die Internationalisierung seines Bankwesens besonders rasch vorangetrieben."

Nach den besonderen Ursachen für dieses spezifische Entwicklungstempo internationaler finanzkapitalistischer Verflechtung in Österreich (noch dazu in der Periode einer SPÖ-Regierung) fragt Mooslechner nicht.

Eine der möglichen Ursachen erwähnt Mooslechner, wenn auch nicht ausdrücklich als solche: Ein beträchtlicher Teil der besonders starken Zunahme der Auslandspositionen der Banken hängt mit der Ausweitung und den veränderten Bedingungen des österreichischen Exports zusammen.

Während der beiden Krisenperioden 1974/75 und 1980 bis 1983 wurde vielfach eine langfristige Kreditfinanzierung Voraussetzung für viele große Exportaufträge. Dementsprechend stieg zwischen 1973 und 1983 der Umfang von österreichischen Krediten an Ausländer von 14,8 Milliarden Schilling auf 205 Milliarden Schilling. Das ist fast das Vierzehnfache.

Auf der anderen Seite sind die kurzfristigen ausländischen Termineinlagen bei österreichischen Banken zwischen 1973 und 1983 von 55,9 Milliarden Schilling auf 347,3 Milliarden Schilling, also auf mehr als das Sechsfache gestiegen. Das ist zum Teil Folge der Praxis der Banken, langfristige und daher meist höher verzinste Kredite an

Ausländer durch kurzfristige in der Regel niedriger verzinste Geldaufnahmen bei ausländischen Banken zu „refinanzieren". Die Zinsengewinne aus refinanzierten Krediten an Ausländer bleiben nur zum geringen Teil bei der österreichischen Bank. Einen größeren Teil muß sie an die ausländischen Einleger weitergeben. Manchmal, wenn (zeitweise 1981/82) kurzfristige Einlagen gleich hoch oder sogar höher verzinst werden als langfristige, bleibt der Kredit gebenden Bank nichts.

Auch darin kommt die Einbeziehung des österreichischen Bankenapparats in das System des internationalen Finanzkapitals zum Ausdruck. So wie er als Kreditgeber innerhalb Österreichs Schaltstelle des österreichischen Finanzkapitals ist, fungiert er bei diesen Geschäften letzten Endes zum Teil als Schaltstelle des internationalen Finanzkapitals.

Es mag vielleicht überraschen: Aber auf diese Weise ist das internationale Finanzkapital mit Zinsengewinnen an wirtschaftlichen Vorgängen beteiligt, von denen dies niemand erwarten würde. Wenn etwa die verstaatlichte VOEST-Alpine einen schlüsselfertigen Industriebetrieb um mehrere Milliarden Schilling auf Kreditbasis in ein sozialistisches Land liefert und eine verstaatlichte österreichische Bank diesen Kredit gibt, dann stecken auf dem Umweg über die Refinanzierung einen wesentlichen Teil des Finanzierungsgewinns — Schweizer und/oder westdeutsche Banken ein!

Zu Recht vermerkt Mooslechner in seiner Studie (S. 454) die möglichen Gefahren, wenn nämlich ein größerer Teil der langfristigen Kredite nicht oder verspätet zurückgezahlt, die kurzfristigen Refinanzierungsmittel aber fällig werden, könnte das bei der Größe der Summen zu Schwierigkeiten für das gesamte österreichische Bankwesen führen. Allerdings hat die Praxis bisher zwar die zweitgrößte Bank Österreichs (Länderbank) nach drei Großpleiten österreichischer Firmen (Klimatechnik, Eumig, Funder) am Rand des Bankrotts gesehen, aber von ähnlichen internationalen Blitzschlägen blieben die österreichischen Banken bis jetzt verschont.

Das übermäßige Anschwellen der Finanzverflechtung mit dem Ausland geht zur Gänze auf Finanztransaktionen zurück. Direkte Veranlagungen von Kapital in Unternehmungen sind (in beiden Richtungen) nominell etwas angewachsen, dem Realwert nach eher gleichgeblieben, ihrem Anteil am gesamten Kapitalverkehr nach aber auf ein Minimum reduziert worden.

Zur Illustration: 1973 strömten als direkte Beteiligungen insgesamt 2,4 Milliarden Schilling nach Österreich (nach Abzug der Rückflüsse 2,1 Milliarden Schilling). 1983 waren es 4,5 Milliarden Schilling (nach Abzug der Rückflüsse 3,7 Milliarden Schilling). Österreichische direkte Veranlagungen in Beteiligungen im Ausland stiegen von 0,9 Milliarden Schilling (netto 0,7 Milliarden Schilling) 1973 auf 2,6 Milliarden Schilling (netto 2,5 Milliarden Schilling) 1983.

Während sich also der Gesamtumfang der Auslandspositionen der Kreditunternehmen nach deren Statistik mehr als versiebenfacht hat, stiegen die direkten Investitionen ausländischer Anleger in österreichische Unternehmen nicht einmal auf das Doppelte, die der österreichischen Anleger ins Ausland auf das Dreifache (nominell).

Mooslechner charakterisiert diese Entwicklung in seiner Studie besonders deutlich. Wie er feststellte (S. 445), „haben die Kreditunternehmen ihre Position längerfristig tendenziell ausgeweitet. Im Durchschnitt der Jahre 1980 bis 1982 erreichte ihr Anteil am Kapitalverkehrsvolumen bereits 82,7 Prozent. 1965 bis 1969 hatte der entsprechende Wert nur 51,7 Prozent betragen. Dieser relative Bedeutungsgewinn ging primär auf Kosten eines stark rückläufigen Anteils des Kapitalverkehrs von Wirtschaftsunternehmen und Privaten, der im gleichen Zeitraum von 32,4 Prozent auf 8,6 Prozent sank."

Da auch im Sektor Wirtschaftsunternehmen und Private die Finanzierungen überwiegen, bestätigt dies, daß die direkte Kapitalveranlagung in Unternehmen stark zurückgegangen ist.

Bei dieser starken Ausweitung des Gewichts der Banken spielt offenbar nicht nur der Kapitalbedarf der Banken für reale Geschäfte (z. B. die erwähnten Exportkredite) eine Rolle. Hier geht es um langfristige Veranlagungen zum Zweck des sicheren Zinsengewinns, aber auch um kurzfristige Transaktionen zum Ausnützen von Währungs- und Zinsenschwankungen beziehungsweise -differenzen in den verschiedenen Ländern.

Allein 1984 wurden 18 Milliarden Schilling aus Österreich wegen des hohen Dollarzinsenniveaus im Ausland veranlagt.

Dabei gibt es natürlich auch Verluste. So berichtet etwa der „Kurier" am 22. August 1984, daß allein bei den Auslandsschulden des

Bundes 1983 ein Kursverlust von 5,4 Milliarden Schilling eingetreten ist, weil der Schilling gegenüber den Hauptgläubigerwährungen an Wert verloren hatte. Was die österreichischen Steuerzahler dafür mehr zahlen müssen, steckt auf der anderen Seite das ausländische Finanzkapital als zusätzlichen Spekulationsgewinn ein.

Der große Gewinner an der Einbeziehung Österreichs in das internationale Finanzsystem ist das internationale Finanzkapital. Sicher profitiert das österreichische Finanzkapital mit. Und so manches in der Schweiz aufgenommene Geld ist überdies in Wirklichkeit dorthin zuerst verschobenes Eigentum österreichischer Finanzkapitalisten. Aber das „große Geld" fließt auf ausländische Konten.

Peter Mooslechner geht darauf in seiner Studie nicht ein. Aber er ist gezwungen, eine wichtige Folge zu registrieren. So errechnet er (S. 439), daß die Leistungsbilanzen Österreichs 1974 bis 1981 einen Fehlbetrag von zusammen 114 Milliarden Schilling ergaben. Auf die Ursache geht Mooslechner nicht ein. Aber er stellt fest, daß das starke Anwachsen der Kreditoperationen ein Angreifen der Währungsreserven verhinderte und konstatiert eine deutliche „Verschiebung in der Gesamtstruktur der österreichischen Zahlungsbilanz von den Leistungsbilanz- zu den Kapitalverkehrsbilanzkomponenten".

Zwischen 1954 und 1982 stellt Mooslechner sogar einen Nettodevisenimport von 186 Milliarden Schilling fest.

Was Mooslechner aber überhaupt nicht berücksichtigt, ist der Einfluß der Gewinnüberweisungen auf die Leistungsbilanz, ja überhaupt auf die gesamte Volkswirtschaft. Diese Gewinnüberweisungen aus Österreich sind laut den entsprechenden Ausweisen der Nationalbank zwischen 1972 und 1983 von 5,8 Milliarden Schilling auf 53,1 Milliarden Schilling gestiegen. Dazu kommen noch Überweisungen aus dem Titel Provisionen und Maklergebühren, die in dieser Zeit von 1,7 auf 7,2 Milliarden Schilling anstiegen. Ebenso noch Gebühren für Patente und Lizenzen, die sich von 0,9 Milliarden Schilling auf 2,4 Milliarden Schilling erhöhten.

Diese gewaltige Erhöhung geht zum weitaus überwiegenden Teil auf die Zunahme der Zinsengewinne aus finanzkapitalistischen Veranlagungen und nur noch zum kleineren Teil auf Überweisungen von in Betrieben erzielten Gewinnen zurück.

Dem Hinweis auf diese Zinsenströme wird oft entgegengehalten, daß aus der Nationalbankstatistik ja auch Gewinntransfer aus dem Ausland nach Österreich feststellbar ist und man daher nur den Saldo aus diesen beiden Zahlen berücksichtigen kann. Für die Devisenrechnungen der Nationalbank ist eine solche Saldierung natürlich richtig. Bei einer volkswirtschaftlichen Gesamtbetrachtung ist die Sache anders: Österreichs Finanzanleger im Ausland bekommen ihre Zinsen aus dem Mehrwert gezahlt, der von der Arbeiterklasse des jeweiligen Schuldnerlandes geschaffen wurde. Ausländische Finanziers erhalten die Zinsenzahlungen für Veranlagungen in Österreich dagegen aus jenem Mehrwert, den die österreichische Arbeiterklasse schafft. Eine Ausnahme (allerdings eine bedeutende) machen nur die Zinsenzahlungen für Refinanzierungskredite. Das sind jene Termineinlagen, die österreichische Banken im Ausland aufnehmen, um damit ihrerseits Kredite an das Ausland zu refinanzieren. Die dafür dann eingenommenen Zinsen werden zum größten Teil wieder an die ausländischen Finanziers weitergeleitet.

Auch die Größenordnung dieses Teils läßt sich annähernd feststellen. Mooslechner berechnet die kumulierten Kapitalimporte zum Zweck der Exportfinanzierung mit Ende 1982 auf 93,1 Milliarden Schilling (Übersicht 8, S. 448). Die Größenordnung der Zinsenzahlungen für diese Refinanzierungskredite bei den 1982 noch hohen Zinsen kann bei neun bis zehn Milliarden Schilling angenommen werden. Selbst wenn man annimmt, daß alle von Österreichs Banken an das Ausland vergebenen Kredite über ausländische Anlagen in Österreich refinanziert wurden, kann man höchstens 17 bis 18 Milliarden Schilling der ins Ausland als Kapitalerträge überwiesenen 60,4 Milliarden Schilling als bloße Weiterleitung eines Teils der aus dem Ausland nach Österreich einströmenden Zinsengewinne betrachten.

Ziehen wir diese 17 bis 18 Milliarden Schilling von dem nach Österreich 1982 eingeflossenen Zinsengewinn (1982: 53,4 Milliarden Schilling) ab, so verbleiben rund 36 Milliarden Schilling Zinsengewinn des österreichischen Finanzkapitals aus ausländischen Veranlagungen.

Beziehen wir die nach Österreich geleisteten „Provisionen und Maklergebühren" von 1982 2,25 Milliarden Schilling und die Patent- und Lizenzgebühren von 1982 0,5 Milliarden Schilling mit ein, ergibt das rund 38 bis 39 Milliarden Schilling Auslandsgewinn des österreichischen Finanzkapitals. Dem ausländischen Finanzkapital flossen in diesem Jahr (1982) 60,4 Milliarden Schilling Kapitalgewinne, dazu 7,1 Milliarden Schilling Provisionen und Maklergebühren und 1,9 Milliarden Schilling Patent- und Lizenzgebühren zu, zusammen also rund 69 Milliarden Schilling. Davon kamen allerdings 17 bis 18 Milliarden Schilling nicht originär aus Österreich, sondern aus anderen Ländern. Für jene die durch ihre Leistung das österreichische Sozialprodukt schaffen, ist wesentlich: Neben dem vorher nachgewiesenen Zinsengewinn, den das österreichische Finanzkapital aus der Arbeit aller im Reproduktionsprozeß in Österreich produktiv Tätigen zieht, muß gegenwärtig schon ein Betrag in nicht viel kleinerer Dimension an das ausländische Finanzkapital geleistet werden. (Ersteres 1983 60,5 Milliarden Schilling, letzteres 1982 51 bis 52 Milliarden Schilling.)

Das ist das Motiv für das rasche Vordringen des ausländischen (wie auch des österreichischen) Finanzkapitals. Peter Mooslechner ist in seiner Studie auf diese Frage nicht eingegangen. Dabei gibt es in den Mitteilungen der Nationalbank die erforderlichen Angaben. Da sie von größter Bedeutung sind, habe ich sie für die Jahre 1972 bis 1984 in einer Tabelle zusammengefaßt (in Milliarden Schilling):

	Kapitalerträge			Provisionen und Maklergebühren			Patente und Lizenzgeb.			Österr. Kredite an das Ausland
	−	+	Saldo	−	+	Saldo	−	+	Saldo	
1972	5,8	3,9	−1,9	1,7	0,6	−1,0	0,9	0,2	−0,7	10,5
1973	7,5	4,9	−2,6	1,7	0,8	−0,9	0,9	0,2	−0,8	14,5
1974	11,9	9,9	−1,9	2,4	1,3	−1,1	1,2	0,2	−1,0	18,9
1975	12,8	10,4	−2,4	3,4	1,5	−1,9	1,3	0,2	−1,1	25,2
1976	14,9	11,0	−3,8	3,5	1,7	−1,9	1,4	0,3	−1,1	37,3
1977	17,3	11,9	−5,4	4,0	1,9	−2,1	1,6	0,3	−1,3	55,4
1978	20,7	13,9	−6,7	4,5	2,0	−2,5	1,6	0,4	−1,2	65,0
1979	26,9	20,4	−6,4	5,0	2,3	−2,8	1,6	0,4	−1,2	81,3
1980	39,0	32,2	−6,8	5,6	2,3	−3,3	1,8	0,4	−1,4	107,2
1981	57,7	50,3	−7,4	6,9	2,5	−4,4	1,6	0,4	−1,2	142,9
1982	60,4	53,4	−7,0	7,1	2,25	−4,8	1,9	0,5	−1,4	168,7
1983	53,1	46,4	−6,7	7,2	2,4	−4,8	2,4	0,5	−1,9	201,7
1984	64,6	57,4	−7,2	7,9	2,6	−5,3	1,9	0,5	−1,4	239,7

Diese Angaben sind in mehrerer Hinsicht aufschlußreich. So hat Mooslechner z. B. von 1974 bis 1981 einen kumulierten[4] Leistungsbilanzfehlbetrag von 114 Milliarden Schilling festgestellt. Diese mußten durch Kapitalimporte abgedeckt werden. Die in die Tabelle aufgenommenen Angaben sind Teile der Leistungsbilanzen der betreffenden Jahre. Allein der negative Saldo aus dem Gewinntransfer, den Provisionen und Maklergebühren sowie den Patent- und Lizenzgebühren zwischen 1972 und 1984 ergab ein kumuliertes Passivum von 118,7 Milliarden Schilling. Also auch vom Standpunkt der reinen Devisenbilanz, wie sie die Nationalbank erstellt, geht die Notwendigkeit dieses Kapitalimports weitaus überwiegend auf diese Gewinnausfuhr an das internationale Finanzkapital zurück. Auf dieses zum Ausgleich eingeführte Kapital müssen aber in Zukunft weitere Zinsen gezahlt werden.

Graphik 4:
Überweisungen von Kapitalerträgen
einschließlich Provisionen und Maklergebühren, Patent- und Lizenzgebühren aus Österreich ins Ausland:

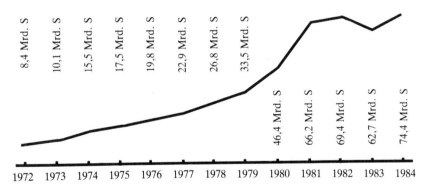

Ist man also einmal in Abhängigkeit vom internationalen Finanzkapital, gerät man automatisch in immer größere Abhängigkeit. Das gilt offensichtlich nicht nur für die hochverschuldeten Entwicklungsländer, sondern auch — wenn auch weit weniger spektakulär — für ein Land wie Österreich.

[4] kumuliert=hier: durch Summierung der Jahresfehlbeträge angewachsen.

Das ergibt sich schon aus einer Betrachtung allein der S a l d e n der Devisenbilanz der Nationalbank. In Wirklichkeit ist es viel ärger beziehungsweise vom Standpunkt des Finanzkapitals viel günstiger. Wir haben den Umfang der tatsächlichen Gewinnströme für das Jahr 1982 bereits ausgerechnet. In der Tabelle auf Seite 72 sind in der letzten Spalte die zum jeweiligen Jahresende aushaftenden österreichischen Kredite an ausländische Schuldner angegeben. Unter Berücksichtigung der Refinanzierungszinsen läßt sich so für jedes Jahr der tatsächliche Zinsengewinn des Finanzkapitals errechnen.

Wenn wir die Höhe dieser Refinanzierungszinsen für die Zeit bis 1979 mit sechs bis sieben Prozent, für 1980 mit acht Prozent, 1981/82 mit 10,5 Prozent und für 1983 mit acht Prozent annehmen, ergibt sich folgende Tabelle. (Differenzen bei der Schätzung dieser Refinanzierungszinsen können nicht die Höhe des Zinsengewinns des Finanzkapitals insgesamt, sondern nur die Größe jener Summe beeinflussen, die von dem aus dem Ausland nach Österreich einströmenden Zinsengewinn an das ausländische Finanzkapital weitergegeben werden mußte.[5])

	Gewinnüberweisungen an das ausl. Finanzk. aus Österreich	geschätzte Refinanzierungszinsen	verbleibende Gewinne d. österr. Finanzkap. a. d. Ausland
	in Mrd. S		
1972	7,7	0,7	4,0
1973	9,2	0,9	5,0
1974	14,1	1,4	10,0
1975	15,8	1,7	10,4
1976	17,4	2,4	10,6
1977	19,0	3,9	10,2
1978	22,3	4,5	11,8
1979	28,5	6,0	17,1
1980	38,3	8,1	26,8
1981	51,2	15,0	38,2
1982	51,7	17,7	38,45
1983	46,7	16,0	36,3
	321,9	78,3	218,85

Diese kumulierten Summen der tatsächlichen Gewinne des ausländischen und des inländischen Finanzkapitals aus den internationalen Transaktionen sind beeindruckend. Das ausländische Finanzkapital hat zwischen 1972 und 1983 aus der österreichischen Wertschöpfung die kumulierte Summe von 321,9 Milliarden Schilling Gewinne herausgezogen. Dazu kamen noch 78,3 Milliarden Schilling Zinsengewinn aus Refinanzierungsveranlagungen bei österreichischen Banken für deren Auslandskredite. Das österreichische Finanzkapital hat in der gleichen Zeit kumulierte Gewinne in Gesamthöhe von 218,85 Milliarden Schilling aus dem Ausland an sich ziehen können.

Von diesen Gesamtsummen entfielen jeweils allein auf die vier Jahre Hochzinsperiode 1980 bis 1983 57 Prozent, 72 Prozent beziehungsweise 64 Prozent! An diesem Detail ist besonders anschaulich zu sehen, wie segensreich sich die durch die US-Hochrüstung ausgelöste Hochzinspolitik nicht nur für das US-Rüstungskapital, sondern für das gesamte Finanzkapital ausgewirkt hat.

Diese riesigen Gewinnmöglichkeiten auch für das österreichische Finanzkapital sind das eigentliche Motiv für die in den letzten 14 Jahren so sprunghaft angewachsene internationale Verflechtung der Finanztransaktionen.

Die Profite des österreichischen Finanzkapitals aus Auslandsveranlagungen dürfen allerdings nicht der im 3. Kapitel errechneten Profitsumme hinzugezählt werden. Sie sind zum größten Teil in den betrieblichen Gewinnen oder dem persönlichen Zinseneinkommen schon enthalten. Nur persönliches Zinseneinkommen aus ausländischen Wertpapieren (das in jüngster Zeit stark zunahm) und andere nicht über Bankeinlagen in Österreich abgewickelte persönliche Einkommen aus dem Ausland müßten der im 3. Kapitel errechneten Summe noch hinzugefügt werden.

---

[5])Die Annahme, daß alle langfristigen österreichischen Kredite an ausländische Schuldner durch Geldaufnahme aus dem Ausland refinanziert sind, muß in zwei Richtungen präzisiert werden: Einerseits stammt natürlich ein Teil dieses Geldes aus den inländischen Einlagen der kreditgebenden österreichischen Bank. Andererseits werden aber auch andere Veranlagungen im Ausland (z. B. Wertpapiere, kurzfristige Kredite, Terminanlagen) in geringerem Umfang aus dem Ausland refinanziert. (Das geht bis zu reinen Währungs- und Zinsenspekulationen.) Ich gehe von der Annahme aus, daß im Mittel beide Abweichungen einander ausgleichen. Für das Wesen der Untersuchung sind dabei aber auch größere Abweichungen nicht entscheidend.

Andererseits scheinen die Zinsengewinne des ausländischen Finanzkapitals (aus Bankanlagen und aus öffentlichen österreichischen Anleihen) nicht in der im 3. Kapitel errechneten Profitmasse des Finanzkapitals auf, wohl aber der größte Teil der als Betriebsgewinn erzielten Profite in ausländischem Eigentum befindlicher Unternehmen.

Laut Schätzung Peter Mooslechners in der schon mehrfach erwähnten Studie (a. a. O., S. 457) können dabei nahezu 50 Prozent des Fremdwährungsgeschäfts der österreichischen Banken als Euromarkt-Transaktionen bezeichnet werden.

Die Tabelle stützt sich auf die Veröffentlichungen der österreichischen Nationalbank. In ihr sind also nicht nur die Banktransaktionen erfaßt. Die Gewinne des ausländischen Finanzkapitals stammen neben den Bankgeschäften aus zwei weiteren wichtigen Quellen: Das sind vor allem die Zinsenzahlungen aus solchen Anleihen, die nicht von den Banken selbst im Ausland aufgelegt wurden. Solche andere Emittenten sind vor allem der Bund und andere Gebietskörperschaften, die Sondergesellschaften der öffentlichen Hand, Industrie- und andere Unternehmungen usw.

Allein der Bund und seine Sonderfinanzierungsgesellschaften hatten Ende 1983 135 Milliarden Schilling Auslandsanleihen zu verzinsen. Das ergab zwölf bis 13 Milliarden Schilling Zinsenzahlung an das ausländische Finanzkapital. In welchem Maß die Zinsenhöhe heute schon die gesamten Gewinnüberweisungen beeinflußt, geht aus der aus den Tabellen ersichtlichen Tatsache hervor, daß 1983 trotz allgemeiner weiterer Zunahme der Anleihen- und Kreditsumme die Gewinnüberweisungen wegen der geringeren Zinsenhöhe in beiden Richtungen um je mehr als zehn Prozent zurückgegangen sind.

In ihrem Umfang, wenn auch nicht in ihrer Bedeutung relativ zurückgegangen, aber immer noch stark ins Gewicht fallend, sind schließlich die Gewinnüberweisungen direkt aus Unternehmen in Österreich, die dem Auslandskapital gehören. Mit diesen Gewinnen verbunden sind vor allem die Überweisungen unter der Bezeichnung „Provisionen und Maklergebühren" sowie „Patente und Lizenzgebühren". (Auf diesem Sektor erfolgt auch der größte Teil von „schwarzem" Gewinntransfer in Form etwa von Unterbewertung von Warenlieferungen an Schwester- oder Mutterfirmen im Ausland oder von

Überbewertung von Warenlieferungen in entgegengesetzter Richtung.) In einer Studie von Josef Peischer in der AK-Zeitschrift „Informationen über multinationale Konzerne" Nr. 2/84, S. 12, macht der Autor die vage Angabe, daß von diesen Betrieben „variable Erträge (M=Gewinn) in der Höhe von etwa drei Milliarden Schilling" außer den Makler-, Lizenzgebühren überwiesen würden. Leider macht der Autor keine Angabe, woher er diese Schätzung hat. Sie ist sicher zu niedrig gegriffen.

Die Überweisung von Zinserträgen aus Bankenveranlagungen und Direktanleihen stellt den größten Teil des Gewinntransfers dar.

Aber auch die Direktgewinne aus den vom ausländischen Finanzkapital beherrschten Unternehmen in der sichtbaren Größenordnung von gegenwärtig sicher zehn bis zwölf Milliarden Schilling jährlich fällt ins Gewicht.

Für den Einfluß des ausländischen Finanzkapitals ist dieser Teil sogar von noch weit größerer Bedeutung. Das hängt vor allem mit dem Gewicht dieser ausländisch beherrschten Betriebe in der realen österreichischen Volkswirtschaft zusammen. In einer Studie in den „Mitteilungen des Direktoriums der österreichischen Nationalbank", Heft 12/1983, S. 12ff, wird der ausländische Anteil an der gesamten österreichischen Industrie mit 26 Prozent angegeben. Das ausländische Kapital in Österreich wird auf nominell 31,2 Milliarden Schilling geschätzt. Der für den technischen Fortschritt strukturbestimmende Zweig der Elektroindustrie befindet sich sogar zu 58 Prozent in der Hand des Auslandskapitals. Im Handel beherrscht das Auslandskapital zehn Prozent. Diese Position hat wesentlich dazu beigetragen, daß im abgelaufenen Jahrzehnt der Marktanteil der importierten Industriewaren von zirka 40 auf 50 Prozent angestiegen ist. Im Versicherungs- und Bankwesen gehören 22 Prozent dem ausländischen Finanzkapital, wobei dies vor allem die Versicherungen betrifft.

Ähnlich wie für das österreichische Finanzkapital seine Eigentumspositionen in der realen Wirtschaft wichtige Grundlage seiner Machtausübung sind, ist für das ausländische Finanzkapital diese reale Eigentumsposition wesentliche Voraussetzung für den Einfluß, den es in Österreich ausübt. Eine genaue Analyse vor allem des Einflusses entscheidender internationaler Finanzkonglomerate auf die österreichische Wirtschaft wäre dringend notwendig.

6. Kapitel

Die Schlüsselrolle der Banken

Bei der Untersuchung der Profitmasse, die das Finanzkapital an sich zieht, wurde klar, daß den Banken (im weitesten Sinn, also mit Einschluß der Sparkassen usw.) eine Schlüsselrolle zukommt. Das gilt für die im Inland wie im Ausland erzielten Gewinne, wie auch für die aus Österreich abfließenden Gewinnströme. Die Frage liegt nahe: Die wirklich bedeutenden Banken sind teilverstaatlicht (oder genossenschaftlich). Zwar haben auch kleine österreichische Banken und natürlich die Zweigstellen großer ausländischer Bankenkonzerne Verbindungen zum internationalen Finanzkapital, aber nennenswertes Gewicht auf den internationalen Finanzmärkten haben von den österreichischen Banken wieder nur die teilverstaatlichten oder genossenschaftlichen Großbanken.

Diese Besonderheit des österreichischen Bankenapparats wird äußerlich dadurch relativiert, daß 40 Prozent der Aktien der verstaatlichten Banken privaten Eigentümern gehören. Das wirkt sich auch in der Zusammensetzung der Aufsichtsräte aus. Aber CA (Credit-Anstalt) wie Länderbank (der das ÖCI — Österreichisches Credit-Institut — als Tochter angegliedert ist) sind nach wie vor zu 60 Prozent im Staatseigentum.

Vergleicht man die veröffentlichten Angaben über die Geschäftsführung der Banken, dann fällt der wesentliche Teil der finanzkapitalistischen Transaktionen in Österreich wie über die Grenzen hinaus auch auf diese verstaatlichten Banken. Das kann schon wegen ihrer Größe und faktischen Monopolstellung gar nicht anders sein.

Zwar haben einzelne österreichische Kapitalgruppen eigene Banken. Einige noch aus der Vorkriegszeit, andere aus der Zeit unmittelbar nach dem Krieg. Aber diese sind von geringer Bedeutung. Und einige kleinere Banken sind eindeutig in Abhängigkeit der Großbanken geraten.

Die Größenverhältnisse der dem Bankenverband angehörenden Aktien- und Privatbanken geben hier einen Einblick.

Größenverhältnisse österreichischer Banken

(Aus dem Jahresbericht 1983 des Verbandes österreichischer Banken und Bankiers)

Bank:	Eigentümer:	Bilanzsumme:
Creditanstalt-Bankverein, CA	60% verstaatlicht	300,9 Mrd. S
Girozentr. d. Öst. Sparkassen	Sparkassen	213,2 Mrd. S
Österr. Länderbank	60% verstaatlicht	160,1 Mrd. S
Österr. Kontrollbank	Sonderbank zur Exportfinanzierung (CA, LB u. a. Banken)	153,1 Mrd. S
Bank für Arbeit und Wirtschaft, Bawag	ÖGB, Konsum	123,5 Mrd. S
Genossenschaftl. Zentralbank	Landwirtschaftliche Genossenschaften Raiffeisenkassen	123,4 Mrd. S
Volksbanken AG	Gewerbe-Genossenschaften	42,6 Mrd. S
Österr. Credit-Institut	LB, verstaatlicht	31,5 Mrd. S

Dagegen: Privatbanken (ohne Töchter der Großbanken)

Winter & Co.	Simon Moskovics	22,0 Mrd. S
Schoeller & Co.	1984 fusion., Mehrheit:	10,8 Mrd. S
Breisach Pinschof / Schoeller Bank	jetzt GZB	3,6 Mrd. S
Österr. Konsumbank	Konsum, Bawag	3,0 Mrd. S
Schelhammer u. Schattera	private KG	2,3 Mrd. S
Meinl Bank	Meinl	0,9 Mrd. S
Rössler AG	Erste österr. Spar-Casse, seit 1984 25% Turnauer	0,8 Mrd. S

Filialen ausländischer Finanzbanken:

Bank:	Eigentümer:	Bilanzsumme:
Citybank (Austria) AG	Citybank USA	5,7 Mrd. S
Chase Manhattan Bank (Austria) AG	Chase Manhattan Bank USA	4,6 Mrd. S
Allg. Elsässische Bank AG (Sogènal)	Sogènal Frankreich	4,3 Mrd. S
Bank Gebr. Gutmann Nfg. AG	Montana (Schweiz, GB)	2,3 Mrd. S
Banco de Brasil AG	Banco de Brasil	1,2 Mrd. S
Bankhaus Brüll & Kallmus AG	italienisch	0,9 Mrd. S
CA Steinhäuser AG	Quelle, BRD	0,4 Mrd. S

Die Österreichische Postsparkasse mit einer Bilanzsumme von 126,25 Milliarden Schilling ist wegen der andersgearteten Struktur dieser Summe nicht angeführt.

Neben den drei verstaatlichten Großbanken scheinen unter den größten Banken noch die dem ÖGB und dem Konsum gehörende BAWAG auf. Ferner die Dachbank der österreichischen Sparkassen, die ja laut Sparkassenstatut selbst ihre Gewinne genau umrissenen Förderungszwecken widmen müssen, die Girozentrale. Schließlich kommt dazu noch die genossenschaftliche Zentralbank des Raiffeisenverbandes, in dem allerdings längst nicht mehr die bäuerlichen Genossenschaftsmitglieder, sondern die Großagrarier und die Agrarverarbeitungs- und Vermarktungsmonopolgruppen das Sagen haben. Eine der Einflußreichsten ist dabei nach wie vor der Schoeller-Clan.

Man könnte die Bilanzsummen aller „normalen" österreichischen Privatbanken in Wien zusammenzählen und würde mit dieser Gesamtsumme noch nicht einmal auf die Bilanzsumme einer e i n z i g e n der sechs größten Banken Österreichs kommen.

Noch stärker gilt das für den Geschäftsumfang der in Österreich ansässigen Filialen der ausländischen Finanzbanken.

Lenin faßt in „Imperialismus..." die Rolle der Banken so zusammen (Werke, Band 22, S. 304): „Das Monopol ist aus den Banken erwachsen. Diese haben sich aus bescheidenen Vermittlungsunternehmungen zu Monopolisten des Finanzkapitals gewandelt. Drei bis fünf Großbanken einer beliebigen der kapitalistisch fortgeschrittensten Nationen haben zwischen Industrie- und Bankkapital eine ‚Personalunion' hergestellt und in ihrer Hand die Verfügungsgewalt über Milliarden und aber Milliarden konzentriert, die den größten Teil der Kapitalien und der Geldeinkünfte des ganzen Landes ausmachen. Eine Finanzoligarchie, die ein dichtes Netz von Abhängigkeitsverhältnissen über ausnahmslos alle ökonomischen und politischen Institutionen der modernen bürgerlichen Gesellschaft spannt — das ist die krasseste Erscheinungsform des Monopols."

Die in Österreich bestehende Konzentration im Bankwesen ist ebenso wie die Funktionsweise als Monopol typisch für ein Land mit entwickeltem Finanzkapital. Untypisch ist die Eigentumsstruktur.

Aber trotz dieser Eigentumsstruktur haben offensichtlich die in Industrie, Handel und durch vielfältige Beteiligungen und Spekulationen in der Nachkriegszeit reich gewordenen Familien und Gruppen auch in den letzten Jahren des Vordringens des Finanzkapitals kaum Versuche zur Gründung „eigener Banken" gemacht. Sie gründeten Holding-Gesellschaften, Finanzierungs- und Beteiligungsorganisationen (fallweise auch in der Schweiz oder in Liechtenstein), sie operieren mit ihrem Kapital im In- und Ausland, aber sie gründeten keine eigenen Banken.

Interessant sind allerdings die Fälle einer Minderheitsbeteiligung an Banken (wie Schoeller zusammen mit der GZB oder Turnauer zusammen mit der „Ersten"), wobei aber der Mehrheitspartner in beiden Fällen die Interessen des Minderheitseigentümers voll unterstützt.

Das läßt sich durch zwei Tatsachen erklären: Trotz der massiven staatlichen Förderung der Kapitalakkumulation ist keine so überragende und über Österreich hinaus Macht ausübende einzelne Gruppe des Großkapitals entstanden, für die eine eigene Bank notwendig und ihre Gründung auch rentabel wäre. (Eine solche Gründung wäre an sich nicht so teuer, aber bis sich eine solche neue Bank auf den Finanzmärkten tatsächlich etablieren könnte, ist natürlich ein erheblicher Kapitalaufwand erforderlich.)

Die zweite Tatsache ist vielleicht noch wesentlicher: Für die als Kapitalkartell auftretende — und als solches insgesamt wieder sehr stark gewordene — Finanzoligarchie üben die verstaatlichten und genossenschaftlichen Großbanken offensichtlich die ihnen im Rahmen des Finanzkapitals zukommenden Funktionen voll und ganz aus: nämlich die Verwirklichung des Kapitalmonopols.

In bestimmter Hinsicht haben die Eigentumsverhältnisse dieser österreichischen Großbanken für das Kapitalkartell sogar Vorteile: Die Profitmaximierung des Finanzkapitals kann gegenüber der Arbeiterklasse und allen nicht zum Finanzkapital gehörenden Schichten leichter durchgesetzt werden, wenn das Hauptwerkzeug dabei verstaatlichte oder genossenschaftliche Banken sind. Ja sogar im Verhältnis zu den ausländischen Großbanken hat diese Eigentumsstruktur für das österreichische Kapitalkartell durchaus auch Vorteile. Die Großbanken sind zwar (mit bedingter Ausnahme der BAWAG) eng mit dem internationalen Finanzkapital verflochten und so von diesem allgemein abhängig. Aber eine direkte und volle eigentumsmäßige Übernahme der Großbanken durch übermächtige ausländische Kapitalgruppen (wie in der Ersten Republik) würde die Einflußmöglichkeit der österreichischen Kapitalgruppen sicher verringern.

Trotz Verstaatlichung und Genossenschaftseigentum ist die tatsächliche Macht der österreichischen Finanzoligarchie im Bankenapparat ausreichend gesichert. Nicht nur durch die 40prozentige Kapitalbeteiligung. Wichtiger Hebel ist dabei auch das Sozialpartnerschaftssystem als Funktionsform des staatsmonopolistischen Kapitalismus in Österreich. Die straffe Kontrolle des gesamten Währungs- und Kreditwesens war von Anfang an wesentlicher Teil dieses Systems. Die (ohnedies nur formale) Parität der Kapitalseite innerhalb dieses Herrschaftssystems sichert zusammen mit den 40 Prozent direktem Privateigentum an den verstaatlichten Banken selbst rechnerisch jederzeit eine sichere Mehrheit für das Kapital. Entscheidend ist aber natürlich die Klassenfunktion des Staates. Diese sichert gegenwärtig, daß unabhängig von der Regierungszusammensetzung diese größten Banken Österreichs keineswegs gegen die Interessen des Finanzkapitals geführt werden.

Ihre fast zur Institution gewordene Monopolstellung erleichtert die Funktionsausübung im Interesse der Macht und der Profite der Finanzoligarchie. Positionskämpfe zwischen den einzelnen Großbanken (und ihren Bereichen) um Veränderungen der Marktanteile verhindern die Erfüllung dieser Aufgabe nicht. Sie gehören so wie langfristige Absprachen zum Wesen jedes Kartells.

Das Kapital weiß dies sehr wohl zu würdigen. 1980/81 erlebte die Länderbank eine kritische Periode. Sie war kurz hintereinander durch drei Großpleiten mit Milliardenverlusten konfrontiert (Eumig, Klimatechnik und Funder). Bei sofortiger Abschreibung aller dieser Verluste hätte die Bank ihr Kapital praktisch aufgebraucht gehabt. Aber obwohl gerade die Länderbank eine Führung aus dem SPÖ-Bereich hatte, gab es ohne größere öffentliche Diskussion sofort ein einstimmiges Sanierungsgesetz. Die Steuerzahler werden noch viele Jahre für die Länderbank-Sanierung zu zahlen haben, aber für das Finanzkapital ging gerade weil es eine verstaatlichte Bank war, diese Sanierung viel leichter über die Bühne.

Die Eigentumsverhältnisse der Großbanken haben für das Finanzkapital auch eine positive massenpsychologische Auswirkung. Soweit der Begriff Finanzkapital überhaupt bekannt ist, wird er weitgehend mit Bankkapital gleichgesetzt. Verstaatlichte und genossenschaftliche Großbanken als Hauptwerkzeuge des Finanzkapitals fangen den größten Teil der Unzufriedenheit über den spürbaren wachsenden Druck finanzkapitalistischer Ausbeutung und Ausplünderung aller anderen Gesellschaftsschichten auf.

Das zeigt sich besonders während der Hochzinsperiode. Unmittelbar kassierten die hohen Zinsen zum größten Teil ja gerade diese Großbanken. Sie stehen direkt dem privaten Schuldner gegenüber, den Klein- und Mittelbetrieben, die in den letzten Jahren durch die hohe Zinsenlast für Betriebskredite in Schwierigkeiten gerieten, sie zogen während der Krisenjahre aus den verstaatlichten Betrieben viel höhere Zinsensummen heraus, als die Defizite dieser Betriebe ausmachten, sie kassieren von den schwer verschuldeten Gemeinden und teilweise auch vom Bund die explodierenden Zinsen für die öffentlichen Schulden. Von niemandem, auch nicht von der dazu berufenen Arbeiterkammer, ja auch nicht einmal von solchen Sozialisten, die die Verstaatlichung gegen Vorstöße des Kapitals wirklich verteidigen wollen, wurde bisher der wirkliche Inkassant des größten Teils dieser Zinsensumme beim Namen genannt: das Finanzkapital, vor allem die Finanzoligarchie, das Kapitalkartell in Österreich und das internationale Finanzkapital.

Wichtige Voraussetzung, daß das österreichische Bankensystem seine Rolle im Interesse des Finanzkapitals so hervorragend spielt, ist das 1979 neu formulierte österreichische Bankgeheimnis. Die Behauptung, daß dieses jetzt sogar „besser" (für Schwarzgeldeinleger) sei, als selbst das schweizerische, hat sehr viel für sich. Beim schweizerischen Bankgeheimnis ist die Bank verpflichtet, sich über die Identität und die Bonität ihrer Kunden zu informieren. Sie darf diese Identität aber nur in genau umrissenen Fällen von Strafverfolgung, nicht aber zum Beispiel bei Finanz- und Steuervergehen gegenüber anderen Staaten den Gerichtsorganen gegenüber preisgeben.

In Österreich ist es dagegen möglich, Sparkonten zu vereinbarten Konditionen, ja auch Wertpapierdepots (zum Beispiel gegen ein Losungswort) vollständig anonym, also auch der Bank gegenüber ohne Ausweisleistung zu halten. Formell sind Banken auch in Österreich im Fall von gerichtlichen oder Finanzstrafverfahren verpflichtet, entsprechende Auskünfte zu erteilen. Aber meist wird die Bank das (zum Unterschied von der Schweiz) gar nicht können. Wird nämlich nachgeforscht, ob ein Beschuldigter bei einer bestimmten Bank ein anonymes Konto hat, können die Bankbediensteten nur dann positiv antworten, wenn ihnen die Identität eines anonymen Kontoinhabers durch Zufall bekannt ist. Die Bank selbst kann gar keine Aufzeichnungen über die Namen aller ihrer anonymen Kunden halten. Nur wenn das Gericht oder die Finanzbehörde ein bestimmtes Schwarzkonto (Bank und Nummer) schon kennt, kann es von der Bank Auskunft über Bewegungen auf diesem bekommen. Daß da den Eigentümern schwarzer Kapitalien wirklich etwas passieren kann, ist kaum anzunehmen.

Das Finanzkapital und seine Mediensöldner wissen sehr gut, was sie an diesem Bankgeheimnis haben: Als der damalige Finanzminister Salcher auf Grund einer ihm von einem Bankangestellten zugegangenen Information über Konten im Fall Androsch das Gericht einschaltete, schien mehreren Medien bald die Frage wichtiger, wer diese gotteslästerliche Verletzung des Bankgeheimnisses begangen habe, als die Frage, ob Androsch seine Villa mit Schwarzgeld finanziert hat...

Weitere Voraussetzung der klaglosen Funktionsausübung im Interesse des Finanzkapitals ist die rasche Anpassung des gesamten

Bankensystems im weitesten Sinn an die Erfordernisse des Finanzkapitals. Diese Anpassung kommt in einer allgemeinen Tendenz des gesamten Spar- und Kreditapparats in Richtung des Geschäftsprofils der Kommerzbanken zum Ausdruck: Die Spar- und Raiffeisenkassen schalten sich einzeln und besonders über ihre Zentralen in großem Umfang in die Transaktionen des Finanzkapitals bis über die Grenzen Österreichs hinaus ein. Größere unter ihnen, wie etwa die Zentralsparkasse der Gemeinde Wien oder die „Erste", haben auch eigene Bankenkonzessionen beziehungsweise Banken. Das gleiche gilt für die den Bundesländern gehörenden Landeshypothekenanstalten. Unterschiede bleiben natürlich. Vor allem beim Kreis der besonders angesprochenen Einleger. Ebenso bleibt der Kampf um die Aufteilung des Marktanteils. Aber selbst solche ausgesprochen zweckorientierte Institute wie die Bausparkassen werben für Bausparverträge schon überwiegend mit den Förderungsgewinnen und schalten andererseits bei den tatsächlich bauwilligen Sparern in immer größerem Maß das Finanzkapital als Träger von Vorfinanzierungskrediten ein. Sogar die der Republik zu 100 Prozent gehörende Postsparkasse versucht ihr Profil zu ändern: Bis vor wenigen Jahren war sie wegen ihrer vielen Filialen — praktisch bis ins letzte Dorf — Hauptträger des bargeldlosen und des Überweisungsgeldverkehrs. Inzwischen ist sie als Verwaltungsinstitut für die Staatsschulden und rasch greifbarer Kreditgeber für kurzfristige Staatskredite sowie mit ihrem Bemühen zur Vollbank zu werden, mit entsprechendem Service in jeder ihrer Filialen, voll in das für das Finanzkapital erforderliche Fahrwasser eingeschwenkt.

Die Schlüsselrolle des Bankenapparats gilt für eine weitere Voraussetzung der Ausweitung des Wirkens des Finanzkapitals: die Mobilisierung von möglichst vielen Ersparnissen der verschiedenen Bevölkerungsschichten und ihrer Verwandlung in Finanzkapital, also unter dem Kommando der von der Finanzoligarchie gelenkten Banken eingesetztes zinsentragendes Kapital.

Auch bei berechtigter Kritik an der naiven Lehrmeinung der offiziellen „Volkswirtschaftslehre", die in der Umwandlung von Spargeld in produktives Kapital die Hauptfunktion des Bankenapparats sieht, darf der erste Teil dieser Definition nicht gering geschätzt werden. Insgesamt liegen zwar nicht einmal mehr ein Viertel der Spareinlagen auf Eckzinskonten, also auf (praktisch, wenn auch nicht gesetzlich!) sofort greifbaren Spareinlagen. Aber gerade diese Einlagen sind für die Banken von größter Bedeutung. Für sie zahlen sie[1] nur vier Prozent Zinsen, während sie für die günstigsten Kredite 8,5 Prozent Zinsen erhalten. Diese Differenz von 4,5 Prozent und mehr sichert den Hauptgewinn der Banken selbst. Einlagen mit vereinbarten Zinsen von bis mehr als sieben Prozent lassen den Banken da nur noch 1,5 oder etwas mehr eigene Gewinnspanne. Dabei muß die Gewinnspanne aber oft auch noch von zwei Instituten geteilt werden. Wenn die einen Institute (meist Sparkassen) mehr Spareinlagen haben und weniger Kreditnachfrage, geben sie im Zwischenbankenverkehr Geld gegen einen niedrigeren Zinssatz an solche Institute weiter, die mehr Kredite vergeben können, als ihre eigenen Einlagen ermöglichen würden. Das gleiche gilt dort, wo österreichische Banken ins Ausland gehende Kredite von ausländischen Banken refinanzieren lassen.

Der wesentliche Teil des eigenen Profits der Banken kommt also gerade aus diesen Eckzinseinlagen. Die bei kleinen Sparern größere Verwaltungsarbeit mit den Konten fällt angesichts der Zentralcomputer und der Automatisierung aller Bankvorgänge keineswegs mehr in solchem Maß ins Gewicht wie früher. Auch wenn eine Gleichsetzung von Finanzkapital und Bankkapital falsch und irreführend ist: Ihre Tätigkeit als Schalt- und Verwaltungsstellen, als Infrastruktur[2] zur Mobilisierung der gesellschaftlichen Ersparnisse unter dem Kommando der Finanzoligarchie hat den ganzen österreichischen Kreditapparat zu einem der blühendsten Wirtschaftszweige werden lassen. Das zeigen nicht nur die Bilanzen der Banken, sondern anschaulich auch die ringsum bis ins letzte Dorf aus dem Boden geschossenen Bankfilialen.

Die nächstbedeutende Schaltstelle für Finanzveranlagungen ist das Versicherungswesen. Die laufenden Prämienzahlungen für abgeschlossene Versicherungsverträge waren immer schon gleichzeitig Akkumulation von Geldkapital in der Hand der Gesellschaften. Dem Sinn der Versicherung entsprechend, dominierte in der Phase des aufsteigenden

---

[1] Die Zinsenhöhe gilt für Herbst 1984.

[2] Infrastruktur=umfassende Bezeichnung für alle technisch-organisatorischen Voraussetzungen zur Erreichung eines bestimmten operativen Ziels, z. B. bei wirtschaftlichen Tätigkeiten, aber auch bei militärstrategischen Operationen (wo dieser Ausdruck zuerst geprägt wurde).

Kapitalismus die Deckung der versicherten Schadenssummen aus den von allen Versicherten eingehenden laufenden Prämienzahlungen. Die sichere und gewinnbringende Veranlagung der notwendigen Reserven war anfangs diesem Hauptziel untergeordnet.

Allerdings ließ der zunehmende Geschäftsumfang der Versicherungen und das Anwachsen ihrer Profite diese Reserven zwangsläufig stark anwachsen. Die Gewinnerzielung durch die Veranlagung dieses akkumulierten Kapitals, ja schließlich der Aufbau wirtschaftlicher Machtpositionen traten mit der Entwicklung der Kapitalmonopole immer mehr in den Vordergrund. Diese Tendenz gilt heute für alle Versicherungen, so unterschiedlich die Bedingungen der einzelnen Sparten sind.

Im Geschäftsbericht der Österreichischen Nationalbank 1983 (S. 33) werden die Prämieneinnahmen aller Versicherungen mit 50,56 Milliarden Schilling, die Schadensleistungszahlungen mit 31,15 Milliarden Schilling angegeben. Nach Abzug aller Unkosten müssen von diesem Rohüberschuß von fast 20 Milliarden Schilling jedenfalls Milliarden Reingewinn verblieben sein.

In den Jahresabschlüssen der Versicherungen („Mitteilungen", Tab. 3.9) zeigen sich ganz bedeutende weitere Profitquellen: Alle Aktiva der Versicherungen erreichten Ende 1983 132,75 Milliarden Schilling. Davon waren: 38,3 Milliarden Schilling inländische Wertpapiere, 28,4 Milliarden Schilling Forderungen an inländische öffentliche Stellen, 1,4 Milliarden Schilling solche an inländische Banken und 30,2 Milliarden Schilling sonstige inländische Forderungen. Ferner 6,1 Milliarden Schilling Einlagen bei inländischen Kreditunternehmen und 4,8 Milliarden Schilling Auslandsaktiva. Dem standen nur geringe Verpflichtungen gegenüber, wohl aber buchmäßige Rückstellungen von 91,9 Milliarden Schilling. Die Zinsenerträge von zirka acht bis neun Milliarden Schilling waren also zum größten Teil Reingewinn. Die Versicherungen hatten ferner Haus- und Grundbesitz mit 11,3 Milliarden Schilling Einheitswert, was jedenfalls Mieterträge in weiterer Milliardenhöhe gesichert haben muß.

Die Versicherungen kontrollieren damit außer den Banken die größte Masse akkumulierten Finanzkapitals und sind zweifellos überhaupt die gegenwärtig lukrativste Unternehmenssparte.

Kennzeichnend für die Verquickung staatlicher „Förderung" mit finanzkapitalistischen Zinsengewinnen ist die Lebensversicherung. Sie wird heute überwiegend nicht zur Versorgung hinterbleibender Angehöriger abgeschlossen, sondern zur Ausnützung der progressiv mit dem Einkommen wachsenden steuerlichen Förderung der Prämien. Prämienzahlungen und staatliche Förderungen dienen zuerst den Gesellschaften zur Erzielung von Zinsengewinnen. Dem Versicherten selbst wird die Überlassung eines Teils dieser Gewinne in Form einer Aufwertung der Leistung an ihn versprochen. Natürlich für die Zukunft.

Das Vordringen der Versicherungen bei den Kreditgeschäften in den Tätigkeitsbereich der Banken wird von diesen entsprechend beantwortet: Dem Angebot der Versicherungen auf eine „zweite Pension" auf dem Versicherungsweg stellen die Banken ihrerseits das Angebot gegenüber, durch Kombination begünstigter Sparformen (zum Beispiel Wertpapier-, Prämiensparen) eine solche „zweite Pension" sichern zu können.

Auch der Einfluß der Versicherungen auf wirtschaftspolitische Entscheidungen ist bedeutend. Dies zeigt sich alljährlich bei der Kraftfahrzeughaftpflichtversicherung. Diese Pflichtversicherung ist zur Gänze den privaten Versicherungen überlassen. Das wird zu regelmäßigen Prämienerhöhungen ausgenützt. Grundlage dieser Forderungen sind Berechnungen, die von Verwaltungskosten ausgehen, die rund ein Drittel der Gesamtkosten betragen. Diese Angaben werden akzeptiert, obwohl zum Beispiel bei den öffentlichen Sozialversicherungsinstituten die Verwaltung mit einem Aufwand von vier bis fünf Prozent gesichert werden kann!

Zum Unterschied vom Bereich der Banken ist das Versicherungswesen in Österreich eindeutig vom Auslandskapital dominiert. 44 Prozent des Prämienvolumens kommt auf Gesellschaften in ausländischem Eigentum. Eine genaue Untersuchung der Struktur des Finanzkapitals in Österreich muß diesen Sektor unbedingt einbeziehen.

7. Kapitel

Finanzkapital — Mechanismen der Profitaneignung

Die starke Ausbreitung des Finanzkapitals wirkt — wie mehrfach gezeigt — auf den realen gesellschaftlichen Reproduktionsprozeß zurück. Der Umfang, den das Finanzkapital vor allem in der Form von zinsentragenden Veranlagungen innerhalb der kurzen Frist von zehn bis 15 Jahren in Österreich erreicht hat, führt zu neuen Erscheinungen in den Beziehungen der gesellschaftlichen Klassen und Gruppen der Produktionsverhältnisse, ja auch der gesellschaftlichen Verhältnisse überhaupt.

Diese Tatsache ist erst wenig bewußt. Vor allem jenen nicht, die sie am meisten angeht, den Ausgebeuteten. Allerdings auch nur sehr wenig jenen Schichten der selbständigen Unternehmer, die einen Teil ihrer Gewinne dem Finanzkapital abtreten müssen. In manchen Fällen sind sich auch führende Politiker, die durchaus auf dem Boden der Sozialpartnerschaft agieren, über Wesen und Konsequenzen dieser neuen Entwicklung nicht im klaren. Die herrschende Finanzoligarchie ist sich — schon auf Grund ihres unmittelbaren Vorteils — noch am besten dieser neuen Verwertungsbedingungen bewußt und nützt dies weidlich aus.

Für alle anderen Gesellschaftsgruppen bleibt die herrschende Stellung des Finanzkapitals wie auch das Ausmaß des von diesem aus dem gesellschaftlichen Reproduktionsprozeß an sich gezogenen Profits vorerst weitgehend undurchschaubar. Dadurch erschienen die Auswirkungen dieser Situation weitgehend als unausweichliche „Sachzwänge", denen alles andere unterzuordnen ist.

Das mag abstrakt und sogar übertrieben klingen. Einige Beispiele aus der jedem bekannten ökonomischen Realität werden beweisen, daß diese Formulierung noch sehr vorsichtig ist.

Kehren wir zum Anfang der Untersuchung zurück, zu den von den Kapitalgesellschaften weggezahlten Zinsen. Erinnern wir uns: 1971 hatten 426 von der offiziellen Statistik erfaßten AG (ohne Kredit- und Versicherungs-AG) 1,9 Milliarden Schilling Gewinne und 1,8 Milliarden Schilling Verluste ausgewiesen.

Diese AG hatten damals 4,4 Milliarden Schilling an Aufwandzinsen gezahlt und 1,6 Milliarden Schilling Ertragszinsen erhalten. Die Dividendenzahlungen hatten 1,4 Milliarden Schilling ausgemacht.

1981 hatten die Gewinne der erfaßten 389 AG 2,9 Milliarden Schilling, die Verluste 10,3 Milliarden Schilling betragen. Die Aufwandzinsen waren aber auf 20,5 Milliarden Schilling angewachsen, die Ertragszinsen nur auf 8,2 Milliarden Schilling. Die Dividendenzahlungen hatten 2,05 Milliarden Schilling erreicht.

Die Aufwandzinsen hatten 1971 etwas über das Dreifache der Dividendenzahlungen ausgemacht, 1981 aber schon das Zehnfache.

Da Ges. m. b. H. ihre Bilanzen nur zum Teil veröffentlichen, Personengesellschaften (KG usw.) überhaupt nicht, gibt es diese Angaben nur für AG. Die Steigerung der gesamten Betriebskredite laut der Bankenstatistik beweist, daß diese Tendenz auch für die anderen Unternehmen gilt.

Diese Erscheinung kann im Einzelfall ganz verschiedene Ursachen haben. Hinter dem Sachzwang der ständig anwachsenden Zinsenbelastung verbirgt sich daher verschiedenes.

Man findet zum Beispiel selbst in den veröffentlichten Bilanzen ausgesprochener „Familien"-AG, die sicher durchaus „gesund" sind, zusätzlichen Kapitalbedarf leicht auch selbst aufbringen könnten, dennoch von Jahr zu Jahr höhere Beträge für weggezahlte Aufwandzinsen in den Bilanzen. Das läßt sich nur auf eine Weise erklären: Die potenten Hauptaktionäre selbst gehen lieber den Weg, der eigenen Gesellschaft (direkt oder auf Umwegen) Kredite zu geben, als weiteres Aktienkapital in die Gesellschaft einzubringen. Die Überlegung ist naheliegend: Das Zinsniveau ist gegenwärtig hoch, kommt die Gesellschaft in Schwierigkeit, müßten die Aktiendividenden gekürzt werden, Kreditzinsen dagegen nicht.

Gegenüber mitbeteiligten kleineren Aktionären hat dieser Weg überdies einen besonderen Vorteil für die Großaktionäre: Der für die Kreditzinsen weggezahlte Teil des Profits geht nur an jene, die diesen Kredit direkt oder indirekt gegeben haben.

Erst nach der Wegzahlung dieser Zinsen erfolgt die Bilanzierung und dann die Dividendenausschüttung an alle, also auch die kleineren Aktionäre. Deren zunehmende Benachteiligung (auf ihnen liegt ja ein viel größeres Risiko) erfolgt so ganz legal.

Natürlich haben die mächtigsten Finanzkonglomerate auch die größten und vielfältigsten Möglichkeiten, den Profit aus den von ihnen beherrschten Unternehmen je nach Erfordernis der Profitmaximierung bei geringster Steuerbelastung als Zinsengewinn, Dividendenausschüttung oder auf andere Weise zu realisieren.

Einen besonderen Grund für eine solche Personalunion zwischen dem Hauptaktionär und dem Kreditgeber gibt es bei ausländischen Kapitalgesellschaften in Österreich. Hier vermindert eine erhöhte Zinsenzahlung an eine andere ausländische Tochter- oder Schwestergesellschaft in einer „Steueroase" den in Österreich zu versteuernden Profit dieser ausländischen Kapitalgruppe.

Bei dieser Form der Gewinnumwandlung von real tätigen Gesellschaften in Zinsengewinn kann durchaus — und ist sicher in vielen Fällen — der Kampf zwischen verschiedenen Kapitalgruppen um die Beute die Ursache sein. Zinsenzahlungen ist ja nicht anzusehen, wem sie in letzter Instanz zufließen: Die kreditgebende Bank kann diesen Kredit wie angeführt durch Einlagen des Hauptaktionärs der Gläubigergesellschaft selbst refinanzieren, wie auch durch solche einer oder mehrerer anderer Gruppen der Finanzoligarchie. In letzterem Fall fließt dann der aus der fungierenden Gesellschaft herausgezogene Zinsengewinn (nach dem Abzug der bei der Bank bleibenden Zinsendifferenz) diesen anderen Gruppen zu. Sie haben den Vorteil dieser Form der Gewinnaneignung (derzeit hohe Zinsen, mehr Sicherheit im Fall wirtschaftlicher Schwierigkeiten der Gesellschaft) gegenüber allen, auch den Hauptaktionären dieser Gesellschaft.

Eine besondere Stellung nehmen dabei die verstaatlichten, aber auch andere nicht in Privateigentum befindliche Unternehmen ein. Das wurde besonders während der jüngsten Krise deutlich. Die verstaatlichte Industrie ist immer noch überwiegend auf Grundstoffe orientiert. Dadurch wiesen ihre Bilanzen während der Krise mit wenigen Ausnahmen große Verluste aus. Aber gleichzeitig wuchs bei ihnen die Zinsenbelastung besonders stark an. Auf die Gründe ihrer Unterkapitalisierung wurde schon verwiesen. Setzt man diese Zinsenbelastung als Teil des — ja zweifellos in diesen Betrieben geschaffenen — Gewinns mit in Rechnung, so war die verstaatlichte Industrie insgesamt während der ganzen Krisenperiode in Wirklichkeit aktiv.

Für die verstaatlichte Industrie ist diese Zinsenbelastung so derzeit die Hauptform, wie der in ihnen geschaffene Mehrwert zu einem großen Teil in Gewinn des Finanzkapitals verwandelt wird. Zu einem so großen Teil, daß für den verstaatlichten Betrieb selbst ganz erhebliche Verluste geschrieben werden müssen: Diese Gewinne sind dabei nach wie vor für das Finanzkapital besonders sicher. Die Beträge, die nach jahrelanger Verschleppung in den letztvergangenen zwei Jahren endlich den Verstaatlichten zugeführt wurden, dienten dort zum größten Teil der Verlustabdeckung — und somit dem Schließen jener Lücken im Eigenkapital, die vorher durch die Zinsenzahlung an das Finanzkapital entstanden waren. Die Gelder für diese Zuführung wurden aber wieder auf dem Kapitalmarkt aufgenommen, so daß damit auch für die Zukunft neue Zinsengewinne für das Finanzkapital gesichert werden.

Eine Pointe am Rand: Die Bedienung (also Zinsen- und Tilgungszahlungen) für alle zum Bau des Kernkraftwerks Zwentendorf aufgenommenen Kredite und Anleihen ist durch die Nichtinbetriebnahme des Kernkraftwerks selbst bisher in keiner Weise beeinträchtigt.

Wenn bei den Krediten an verstaatlichte Betriebe überwiegend verstaatlichte Banken als Kreditgeber aufscheinen, ändert das nichts am Wesen der Sache. Wie schon bewiesen, treten ja auch (und gerade) diese Großbanken als Schaltstellen des Finanzkapitals auf, das in letzter Instanz den wesentlichen Teil der Zinsengewinne einsteckt.

Diese besondere Lage der Verstaatlichten erklärt auch, warum selbst während der jüngsten Kampagne gegen die verstaatlichten Betriebe keine allgemeine Reprivatisierung gefordert wurde.

Wieder eine andere Stellung hinsichtlich finanzkapitalistischer Ausbeutung nehmen die Konzernbetriebe der verstaatlichten Banken ein. Zu diesen gehören bekanntlich u. a. so bedeutende Unternehmen wie Steyr-Daimler-Puch, Semperit, Andritzer Maschinenfabrik usw. Auch die Bilanzen dieser Unternehmen zeigen eine ähnliche Tendenz: stark angewachsene Zinsenzahlungen und in einigen bedeutende Bilanzverluste.

Naturgemäß ist hier Hauptkreditgeber die Aktienmehrheitsbank. Formal kommt das Verhältnis dieser Betriebe der klassischen Entwicklung des Finanzkapitals (Verschmelzung von Industrie- und Bankkapital) am nächsten. Allerdings nur formal: Die Eigentümerbank des größten dieser Konzerne, die CA, ist erklärtermaßen nicht mit dem Zustand zufrieden, daß sie selbst aus den Zinsen g e w i n n e n aus diesen Betrieben die B i l a n z v e r l u s t e dieser Betriebe zahlen soll. Während noch vor zehn bis 15 Jahren die von der KPÖ erhobene Forderung abgelehnt wurde, diese Betriebe branchenkonform in die Verstaatlichte einzubauen, wollen die CA-Chefs jetzt diese Betriebe selbst sogar loswerden. CA-Generaldirektor Androsch hat wiederholt diesen Wunsch ausgesprochen, „wenn jemand zehn Milliarden zahlt, kann er alle haben", und zumindest verlangt, für ihre Verluste müßte — wie bei den Verstaatlichten — die Regierung einspringen. Im Fall Semperit und Andritzer Maschinenfabrik ist dies auch schon geschehen.

Der Aufsichtsratspräsident der CA, der frühere ÖVP-Vizekanzler Fritz Bock, trat in einem Interview in der Zeitung „Die Presse" am 28. Dezember 1984 für einen Verkauf der Aktienpakete dieser Betriebe an Private, und, wo dies nicht möglich sei, an die ÖIAG, also an den Staat, ein. Wörtlich sagte er: „Weder der Weg der Privatisierung noch der Weg zur Übernahme in den Komplex der verstaatlichten Betriebe soll ein politisches Dogma sein. Aber es soll jener Weg beschritten werden, der im Einzelfall der mögliche ist."

Als Musterbeispiel sei hier einer der fettesten Brocken aus diesem Bereich angeführt, die Steyr-Daimler-Puch AG. Über die „Verluste" dieser größten „Tochter" der CA wird besonders viel geredet. Die Bilanzen der SDP wiesen tatsächlich 1982 619 Millionen Schilling und 1983 290 Millionen Schilling Verluste aus. Allerdings hatte das Unternehmen 1982 953 Millionen Schilling „Aufwandzinsen" und 1983 797 Millionen Schilling zu zahlen gehabt. Hauptsächlich natürlich an die Mutterbank, die CA. Selbst nach Abzug der ausgewiesenen Ertragszinsen in Höhe von 1982 555 Millionen Schilling und 1983 504 Millionen Schilling erreichte das Zinsendefizit des Unternehmens 1982 zwei Drittel, 1983 sogar mehr als die volle Höhe des Bilanzverlustes.

Dabei hat sich aber — was für den Eigentümer ja auch und besonders zählt — trotz herausgezogenen Zinsengewinnen und den errechneten Bilanzverlusten der „innere" Wert dieses Unternehmens im „Verlustjahr" 1983 ganz bedeutend erhöht. Die verschiedenen Rücklagen sanken zwar von 1905 auf 1903 Millionen Schilling, aber schon die Vorsorge für Abfertigungen stieg von 732 auf 784 Millionen Schilling, also um 52 Millionen Schilling. Und die „Rückstellungen" wuchsen von 3492 auf 3982 Millionen Schilling, also gleich um 490 Millionen Schilling, an.

Einem „Verlust" von 290 Millionen Schilling im Jahr auf dem Papier standen gegenüber: 293 Millionen Zinsenwegzahlung (vor allem an den Eigentümer) und ein sichtbarer innerer Wertzuwachs von 540 Millionen Schilling.

Zu den zwei Milliarden Schilling Eigenkapital gab es im Steyr-Daimler-Puch-Konzern Ende 1983 nicht weniger als 6,67 Milliarden Schilling dieser verschiedenen Rücklagen, Rückstellungen, Abfertigungsvorsorge usw. Ein Jahr vorher hatten die Rücklagen erst 6,13 Milliarden Schilling betragen.

Bei einer solchen Lage traten Vorstand und Aufsichtsrat der Belegschaft mit einem Konzept gegenüber, das die Schließung von vier der sieben Produktionsstätten in Österreich und die Reduzierung der Arbeitsplätze um mindestens 1500 vorsah. Die ablehnende Haltung zuerst selbst der SPÖ-Betriebsräte verglich Aufsichtsratsvorsitzender Androsch dabei mit einem Patienten, der sich weigere, sein Röntgenbild anzuschauen.

In Wahrheit hat man den Steyr-Puch-Arbeitern (und der gesamten österreichischen Arbeiterklasse) nicht Röntgenbilder gezeigt, sondern sogar noch die Augen verbunden, indem man systematisch die finanzkapitalistischen Profitmechanismen vor ihnen verborgen hält. Hätte man die riesigen Reserven und Rückstellungen zeitgerecht für notwendige Modernisierung verwendet, hätte es in diesem Unternehmen überhaupt keine Schwierigkeiten geben dürfen.

Die SDP-AG ist so ein Musterbeispiel, wie gigantische finanzkapitalistische Profitakkumulierung so hinter angeblichen Sachzwängen verborgen wird, daß der Belegschaft gegenüber Arbeitsplatzvernichtung und Betriebsstillegung (deren Ziel einzig noch höhere Profite sind) als wegen der Wirtschaftslage unvermeidbar dargestellt werden. Gleichzeitig wird der Regierung gegenüber auch hier mit Erfolg Druck ausgeübt, zur Vermeidung politischer Schwierigkeiten die größten Härten für betroffene Arbeiter und Angestellte durch staatliche Zuschüsse auszugleichen.

Auch die neue Tendenz ist nur durch die Besonderheit finanzkapitalistischer Profitaneignung zu erklären: Bei anderen Betrieben kassiert das Finanzkapital den Zinsengewinn, ohne für einen Bilanzverlust aufkommen zu müssen. Bei Verstaatlichten ist der Zinsengewinn selbst bei Bilanzverlusten besonders sicher. Wenn nun bei den Konzernbetrieben dieser Gewinn durch Verluste dieser Betriebe verringert wird, gerät die Bank — und, wenn deren Spanne nicht reicht, sogar die Eigner des Finanzkapitals — in eine ungünstigere Lage im Vergleich zu Kreditgebern an andere Unternehmen.

Allein schon die angeführten Beispiele zeigen eine Fülle von neuartigen „Sachzwängen": Für mittlere und kleinere Aktionäre erscheinen die wachsenden Zinsenzahlungen für notwendige Betriebskredite der Gesellschaft als unüberwindlicher Sachzwang, wenn sie durch Jahre hindurch keine oder geringe Dividenden auf ihre Aktien bekommen. Für die Verteidiger der verstaatlichten Industrie erscheinen die hohen Zinsenbelastungen — die ja die immer wieder angeführten Verluste überwiegend verursachen — als „Sachzwang", dem sie — ohne Kenntnis der Gesamtzusammenhänge des Finanzkapitals — kaum ein Argument entgegenhalten können.

Sosehr auch (kleine) Unternehmer unter den Druck des Finanzkapitals geraten, Hauptopfer dieser neuen „Sachzwänge" ist die Arbeiterklasse: Ihre Forderungen sind notwendigerweise zuerst an die Unternehmer und deren Verbände adressiert. Höhere Löhne, bessere Sozialleistungen usw. fordern sie ja nicht vom zinsentragenden Finanzkapital, sondern von den Eigentümern oder Managern der Unternehmen. Der Teil des gesellschaftlichen Gesamtprofits, der vom Finanzkapital in Form von Zinsen an sich gezogen wird, steht in dem ständigen „Verteilungskampf" (zu dem sich selbst rechte Sozialdemokraten nach drei Jahrzehnten Sozialpartnerschaft mit dem Kapital noch manchmal bekennen) von vornherein außer Streit. Das ist ein „Sachzwang", weil ja selbst der Unternehmer gezwungen ist, die (jetzt besonders hohen) Zinsen zu zahlen...

Das Verschweigen der Entwicklung des Finanzkapitals und seiner

Auswirkungen hat die negativen Folgen der Partnerschaft der Gewerkschaftsspitze mit dem Kapital bedeutend verstärkt. Die Arbeiterklasse ist der Wirkung dieser neuen angeblichen Sachzwänge gegenüber fast wehrlos ausgeliefert, solange sie die Zusammenhänge nicht durchschaut.

Die Folgen können selbst die offiziellen Statistiken nicht völlig ignorieren. In den Jahren seit 1975/76 sind in Österreich die durchschnittlichen Lohneinkommen real nicht mehr gestiegen. Die seither eingetretene gewaltige Leistungssteigerung hat einseitig zu einer Explosion der Gewinneinkommen geführt. Ob Konjunktur, Krise oder Wiederbelebung der Wirtschaft, gestiegen sind einseitig die Gewinne!

Die Wirtschaftspolitische Abteilung des ZK der KPÖ hat auf der Grundlage der Lohnstufenstatistik der Sozialversicherungsträger die realen Durchschnittsnettolöhne, beginnend mit dem Jahr 1970, berechnet. Für die Zeit seit 1973 ergibt sich dabei folgende Entwicklung:

Entwicklung der realen Nettolöhne

	1 brutto S	2 netto in %	3 netto S	4 Lebens- kosten- index	5 Netto- löhne real	6 Produktivität (Industrie)
			(1970 = 100)			
1973	5.345	79,7	4.260	119,7	114,4	113,5
1974	6.164	78,6	4.845	131,1	118,7	119,3
1975	6.855	80,4	5.511	142,1	124,6	116,6
1976	7.432	79,5	5.908	153,0	124,1	126,8
1977	7.950	78,5	6.241	160,9	124,6	130,5
1978	8.434	75,7	6.385	166,7	123,1	135,9
1979	8.923	75,7	6.762	172,0	126,3	145,0
1980	9.581	74,9	7.176	183,9	125,4	149,4
1981	10.212	74,2	7.577	196,4	123,9	149,9
1982	10.859	74,3	8.068	207,1	125,2	154,4
1983	11.113	74,0	8.224	214,5	123,2	163,7

Graphik 5:
Entwicklung des Netto-Reallohnes (geschlossene Linie) und der Arbeitsproduktivität (Industrie, punktierte Linie). 1970 = 100.

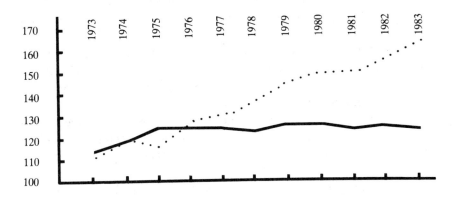

Bemerkungen zur Tabelle auf Seite 96:
Spalte 1 gibt den Medianwert der monatlichen Bruttoverdienste aller unselbständig Beschäftigten laut Lohnstufenstatistik der Sozialversicherungsträger in dem jeweiligen Jahr an. Der Medianwert ist jene Lohnhöhe, unter der die Hälfte aller Unselbständigeneinkommen liegt. Die andere Hälfte liegt dementsprechend darüber.
Spalte 2 gibt an, wieviel im betreffenden Jahr vom Durchschnittsverdienst eines Industriebeschäftigten netto tatsächlich ausbezahlt wurde. Der Durchschnittsverdienst in der Industrie liegt etwas höher als der Medianwert aller Sozialversicherten. Es kann daher in der absoluten Höhe eine geringfügige Differenz geben, an der allgemeinen in dieser Tabelle zum Ausdruck kommenden Tendenz ändert dies aber nichts.
Spalte 3 gibt den aus Spalte 1 und Spalte 2 errechneten durchschnittlichen Nettobezug je Beschäftigten an.
Spalte 4 gibt die offizielle Lebenskostenberechnung seit 1970 an.
Spalte 5 gibt die sich aus den Spalten 3 und 4 ergebende Entwicklung der realen Nettolohneinkommen an.
Spalte 6 gibt zu Vergleichszwecken die offiziell errechnete Produktivitätsentwicklung je Beschäftigten in der Industrie an. Offizielle

Zahlen über die Produktivität je Beschäftigten der gesamten Volkswirtschaft gibt es nicht, daher werden die Kennzahlen der industriellen Produktivität angeführt.

Mit Ausnahme der Spalten 3 und 5, die aus den offiziellen Zahlen selbst errechnet wurden, handelt es sich durchwegs um Veröffentlichungen der Sozialversicherungsträger beziehungsweise des Statistischen Zentralamtes.

Die durchschnittlichen nominellen Bruttolohneinkommen sind also in diesen zehn Jahren von 5345 Schilling auf 11.113 Schilling, somit um 108 Prozent, gestiegen. Netto betrug die Steigerung von 4260 Schilling auf 8224 Schilling sogar nur 103 Prozent.

Erinnern wir uns: Die Gewinneinkommen insgesamt stiegen zwischen 1973 und 1983 laut Volkseinkommensrechnung von 123,5 Milliarden Schilling auf 270,1 Milliarden Schilling. Das war eine Steigerung auf 218 Prozent.

Die reinen Zinsengewinne des Finanzkapitals im Inland sind aber wie berechnet von 12 Milliarden Schilling in diesen zehn Jahren auf 60,5 Milliarden Schilling angewachsen. Das war eine Steigerung auf 504 Prozent!

Das ist die unmittelbare soziale Bilanz des Vordringens des zinsentragenden Finanzkapitals und der Hinnahme der damit zuungunsten vor allem der Arbeiterklasse eingetretenen Bedingungen als unausweichliche Sachzwänge.

Diese neuen angeblichen Sachzwänge gelten aber nicht nur im Bereich der unmittelbaren Produktionsverhältnisse. Sie gelten auch für die anderen Bereiche des gesellschaftlichen Lebens, insbesondere für den politischen Überbau, der im Rahmen des staatsmonopolistischen Kapitalismus eng mit den Produktionsverhältnissen zusammenhängt.

Das gilt zum Beispiel für die Folgen der riesigen und rasch wachsenden Zinsenzahlungen aus den öffentlichen Haushalten an das Finanzkapital. Für jeden, der das Wirken und das Vordringen des Finanzkapitals nicht durchschaut, scheint es eine unabwendbare Entwicklung, wenn heute schon zugegebenermaßen jeder zehnte Steuerschilling als Zinsenzahlung an das Finanzkapital fließt. Daß das Finanzkapital dafür selbst jene Steuern zum größten Teil nicht zahlt, die ein „normaler" Unternehmer — trotz aller Steuerbegünstigungen — schließlich doch zahlen muß, ist im allgemeinen Bewußtsein nicht präsent. Wenn es gelegentlich erwähnt wird, zum Beispiel mehrmals als Begründung für die Direktbesteuerung der Zinsen, wird es von der Public-Opinion-Flut der Medien im Interesse des Finanzkapitals einfach hinweggeschwemmt. (Auf die Vorgänge rund um die mißglückte Quellensteuer muß noch eingegangen werden.)

In dieser Atmosphäre erscheint es tatsächlich als Folge von Sachzwängen, daß Sozialleistungen, Beiträge für Pensionen, Aufwendungen für Schulen und Jugendausbildung usw. eingeschränkt werden müssen, weil das Geld einfach nicht da ist.

Wer erinnert sich da übrigens nicht an eine wiederholte und fast zentrale Aussage des damaligen sozialdemokratischen Bundeskanzlers Kreisky während der ersten zyklischen kapitalistischen Nachkriegskrise 1974/75: Ihm seien Milliarden mehr Staatsschulden lieber als Tausende mehr Arbeitslose. Das klang damals sehr schön. Aber Kreisky hat vollständig ignoriert, daß von diesen Milliarden mehr Staatsschulden nur ein winzig kleiner Bruchteil durch wirkungsvolle Maßnahmen zur Schaffung von Arbeitsplätzen verursacht war. Diese Schulden beim Finanzkapital entstanden ja zum größten Teil durch Maßnahmen zur Förderung des Kapitals, und sie bewirken jetzt schon und noch mehr für die Zukunft die Gefahr von noch wesentlich mehr Arbeitslosigkeit auch in Österreich. Bei der zweiten Krisenwelle 1980/83 war Österreich nicht nur schon zu Beginn mit einer bedeutenden Staatsverschuldung konfrontiert, sondern erstmals kam dazu auch eine spürbare Arbeitslosigkeit.

Noch schwerer durchschaubar wird der wahre Zusammenhang bei den Gemeinden. Mit 100 Milliarden Schilling verschuldet, beträgt ihre jährliche Zinsenbelastung gegenwärtig schon rund acht bis neun Milliarden Schilling. Das ist ein großer Teil ihrer laufenden Einnahmen. Die Gemeinden erhalten ihre Einnahmen in Österreich aber nicht direkt vom Steuerzahler, sondern über den sogenannten Finanzausgleich aus den gemeinschaftlichen Abgaben, die zwischen Bund, Ländern und Gemeinden aufgeteilt werden. Für sie gilt der Sachzwang daher von zwei Seiten. Einerseits müssen sie die horrende Zinsenbelastung an das Finanzkapital auf jeden Fall tragen, andererseits bekommen sie das Geld dafür (wie auch für alle anderen Ausgaben) letzten Endes vom Finanzministerium zugeteilt. Die gesetzliche Grundlage für diese Zuteilung, der Finanzausgleich, ist Bundesgesetz, wird also ohne verbindliche Mitentscheidungsmöglichkeit der Gemeinden und schon gar nicht ihrer Bürger festgelegt.

Die Bevölkerung spürt diesen Sachzwang in Form des ständigen Drucks auf höhere Eigeneinnahmen der Gemeinden zum Beispiel bei Tarifen und Gebühren für Gemeindeleistungen, bei den wenigen Abgaben, die direkt von der Gemeinde eingehoben werden, usw.

Nur die Unkenntnis der wahren Zusammenhänge durch die Hauptbetroffenen läßt dieses System so reibungslos funktionieren. Unkenntnis beeinflußt fallweise sogar Entscheidungen auf höchster Ebene. Dafür ein Beispiel:

Seit Jahren ist bekannt, daß Betriebseigentümer Geld „schwarz" aus ihren Betrieben ziehen und anonym (auch im Ausland) anlegen. Zu Beginn der Krise ließ die so hervorgerufene „Unterkapitalisierung" (zu geringe Kapitalausstattung) Betriebe in Schwierigkeiten geraten, die bei normaler Kapitalausstattung durchaus lebensfähig wären. In der Annahme, Hauptmotiv für diesen Kapitalentzug sei nur der Wunsch nach Steuerhinterziehung gewesen, entstand die Idee einer Steueramnestie: Jeder Unternehmer, der für einen ganz kurzen Zeitraum freiwillig die Steuern nachzahlt, sollte für alle vorher der Steuer vorenthaltenen Gewinne steuer- und straffrei bleiben. Dadurch sollten die Eigentümer von in Schwierigkeiten geratenen Betrieben sich die Möglichkeit billig erkaufen können, mit ihrem eigenen, dann legal wieder „weiß" gewaschenen Kapital ihre Betriebe wieder flottmachen zu können. Man erwartete zwei bis drei Milliarden Schilling freiwillige Steuernachzahlung.

Tatsächlich wurde so gut wie überhaupt nichts nachgezahlt. Die Gewinnmöglichkeit als „schwarz" veranlagtes Finanzkapital war besonders während der Hochzinsperiode so groß, daß die Rückführung in den eigenen vorher marod gemachten Betrieb uninteressant war.

Hauptmotiv für diesen Kapitalentzug war nicht die unmittelbare Steuerhinterziehung gewesen, sondern die Möglichkeit, langfristig finanzkapitalistische Profite (ebenfalls unversteuert) zu erzielen.

Kennzeichnend war übrigens, daß von dieser Blamage des Finanzministers der SPÖ-Regierung weder die Parlamentsopposition noch die bürgerlichen Medien viel Aufhebens machten. Dies nicht etwa deshalb, weil dieser Beschluß noch in der Ära Androsch gefaßt worden war. Vor allem sicher deshalb, weil jede Diskussion über dieses totale

Fiasko zwangsläufig zum Durchschauen des Profitmechanismus des Finanzkapitals geführt hätte.

Das Musterbeispiel für die Durchsetzung finanzkapitalistischer „Sachzwänge" selbst gegen den Widerstand von Ministern, ja des früheren Bundeskanzlers, ist der Versuch einer Besteuerung der Zinsen.

Das Problem wurde offensichtlich schon Ende der siebziger Jahre einigen Regierungsmitgliedern bewußt. Es genügt ja schließlich ein Vergleich der Bankenstatistik mit den Ergebnissen der Einkommensteuerstatistik, um zu sehen, daß von den gewaltig angeschwollenen nichtbetrieblichen jährlichen Zinseneinkünften so gut wie nichts versteuert wird. Gesetzlich ist vorgesehen, daß alle Zinseneinnahmen für Sparguthaben von jährlich über 10.000 Schilling (bis 1983 über 7000 Schilling) der Einkommensteuer unterliegen. Für ein solches Zinseneinkommen müßte der Bezieher eine Steuererklärung abgeben und die Einkommensteuer entsprechend dem Steuersatz seines Gesamteinkommens, also jedenfalls von zirka 35 Prozent aufwärts bis 62 Prozent zahlen.

Das tut fast niemand. Die Grenze von 7000 Schilling wurde auch schon 1967 festgelegt und erst jetzt geringfügig erhöht. Damals konnte tatsächlich kein normaler Sparer solche Zinseneinkommen erreichen. Ganz anders heute: Hat jemand 180.000 bis 200.000 Schilling mit vereinbarten Zinsen längerfristig auf ein Sparbuch gebunden, dann müßte er theoretisch eine Einkommensteuererklärung für die Zinsen abgeben und die Steuer zahlen. Das tut so gut wie niemand. Dadurch ist eine genügend große Zahl von kleinen, in den meisten Fällen unbewußten „Steuerhinterziehern" entstanden, in der sich die paar tausend Steuerhinterzieher der Zinsen von Großeinlagen verstecken können. Zum Vorteil eben dieser Großanleger hat man damit auch diese große Zahl von echten Konsum- oder Vorsorgesparern direkt an der Aufrechterhaltung des Bankgeheimnisses interessiert.

Der einfachste Weg wäre, diesen Freibetrag (und ebenso die Freibeträge bei der Vermögens-, Schenkungs- und Erbschaftssteuer) der Geldentwertung entsprechend zu erhöhen und die Zinsen der wirklichen Großanleger dem Gesetz entsprechend zu versteuern.

Allerdings taucht bei jedem Versuch der Besteuerung solcher Bankzinsen das Problem des Bankgeheimnisses auf. Um dem auszuweichen, kamen auch jene in der Regierung, die das Problem mehr erahnten als erkannten, auf die Idee einer „Quellenbesteuerung" aller Zinseneinkommen. Damals war aber Finanzminister Androsch noch dagegen. Aus Rücksicht auf den sogenannten Kapitalmarkt.

Der zweite Vorstoß erfolgte nach der Ablöse von Androsch durch Salcher. Zuerst wollte man dabei jedem österreichischen Sparer nach persönlicher Legitimation die Zinsen für ein Sparbuch mit 100.000 Schilling unversteuert belassen. Das sei, so hieß es, zu kompliziert (ein in der Epoche der Zentralcomputer nicht stichhaltiges Argument). Also ging man von dem geplanten Satz von 20 Prozent Quellensteuer (von der normalen Steuer absetzbar!) ab und beschloß eine allgemeine 7,5prozentige Zinsenertragssteuer, die 1985 auf fünf Prozent gesenkt wurde. Aber diese gilt bis zum letzten Sparbuch und selbst für Gehalts- und Pensionskonten.

Zur gleichen Zeit begannen die US-Zinsen wieder zu steigen, und österreichische Banken boten mehr und mehr ihren Kunden hochverzinste amerikanische Wertpapiere zum Kauf an. So trat ein starker Rückgang des Verkaufs der (seit Anfang 1984 auch der ZESt unterliegenden) neu aufgelegten österreichischen Anleihen ein.

Das war der Hauptgrund für die Ausbootung Herbert Salchers als Finanzminister. Und als einer der ersten Schritte des neuen Finanzministers Vranitzky wird die Zinsenertragssteuer gesenkt. Der „Sachzwang" des Finanzkapitals hat sich wieder durchgesetzt: Die Zinsen schwarzer Wertpapierdepots bleiben so gut wie steuerfrei.

Jene in der SPÖ, die mit der Quellen- oder der Zinsenertragssteuer wenigstens einen Teil der riesigen Zinsengewinne des Finanzkapitals antasten wollten, erlitten eine taktische Niederlage (zum Unterschied von der fortdauernden strategischen Niederlage aller anderen Bevölkerungsschichten gegenüber dem Finanzkapital).

Aber daß dieser — von richtigen Motiven angeregte — Versuch schließlich zu einer Zusatzsteuer vor allem für Sparer geworden ist, hat die von der SPÖ- und Gewerkschaftsführung zu verantwortende vollständige Unklarheit bei den Arbeitenden über das Finanzkapital, seinen Umfang, sein Wirken und seine Riesenprofite ermöglicht.

8. Kapitel

Die Funktion des Staates

Im Programm der KPÖ, das am 30. Jänner 1982 beschlossen wurde, heißt es unter anderem:
„Die ‚neuen Funktionen' des Staates in der Ökonomie heben seinen Klassencharakter keineswegs auf. Sie prägen ihn noch stärker aus... Aus dem Ausschuß zur Erledigung der gemeinschaftlichen Geschäfte im Interesse der gesamten Bourgeoisie, welcher der Staat einmal war, ist längst vor allem ein Ausschuß zur Besorgung der Geschäfte des Großkapitals geworden." (Programm der KPÖ, Globus-Verlag, S. 14/15.)

Bei verschiedenen Anlässen sind wir bei der Untersuchung des heutigen Finanzkapitals in Österreich auf den engen Zusammenhang der Rolle des Staates mit dem Anschwellen dieser spezifischen Verwertungsform des Kapitals gestoßen. Ohne die massive Hilfestellung des Staates hätte es zu einer so gewaltigen Akkumulation von Finanzkapital in seiner zinsentragenden Form in so kurzer Zeit nicht kommen können.

Der Prozeß der Herausbildung von Finanzkapital um die Jahrhundertwende war Teil des Gesamtprozesses der Herausbildung des Monopolkapitalismus. Er begann im letzten Viertel des 19. Jahrhunderts und war (was die Ausformung seiner Struktur betrifft) im ersten Weltkrieg abgeschlossen, als während der militärischen Austragung der aufgebrochenen imperialistischen Widersprüche die ersten Formen von staatsmonopolistischem Kapitalismus entstanden. Damals hatte dieser Prozeß also jedenfalls drei bis vier Jahrzehnte gedauert. Die volle Unterordnung des Staates durch das Finanzkapital stand in der letzten Phase des Entwicklungsprozesses.

Die starke Gewichtszunahme des neuen zinsentragenden Finanzkapitals in Österreich ging dagegen rascher vor sich. Die Welle finanzkapitalistischer Akkumulation war, wie schon gezeigt, auf zehn bis 15 Jahre zusammengezogen. Dieses neue Finanzkapital entstand unter anderen Bedingungen. Es entwickelte sich nicht vollkommen parallel mit einer Herausbildung des Monopolkapitalismus bis zum staatsmonopolistischen Kapitalismus.

Dieses neue Finanzkapital entfaltete sich auf dem Boden eines schon voll entwickelten staatsmonopolistischen Herrschaftssystems in Österreich. Überdies hat dieses Herrschaftssystem „in Österreich eine besondere Herrschaftsform entwickelt, die seit Jahrzehnten das politische Leben prägt: die ‚Sozialpartnerschaft' ". (Programm der KPÖ, S. 21.)

Alle mit der Entfaltung des neuen zinsentragenden Finanzkapitals in Österreich zusammenhängenden Prozesse, Entwicklungen und Erscheinungen unterstreichen die Richtigkeit der Analyse des Staates und der Rolle der „Sozialpartnerschaft", die im Programm der KPÖ gegeben wird. Gleichzeitig läßt aber die Untersuchung von Entstehung und Funktionsmechanismen des neuen Finanzkapitals (wie sich an einigen Beispielen gezeigt hat) Klassendifferenzierungen, Einzelvorgänge und Haltungen tiefergehend und genauer erklären.

Die Existenz des von den Kapitalmonopolen beherrschten Staates hat nicht nur die Akkumulation von Finanzkapital in seiner zinsentragenden Form treibhausmäßig beschleunigt. Sie hat auch Besonderheiten in der ökonomischen Rolle des Staates bewirkt. Währungs-, Kredit-, Steuer- und alle Fragen der Finanzpolitik waren von 1945 an straff zentralisiert. Bei der Herausbildung der verschiedenen „sozialpartnerschaftlichen" Institutionen wurden diese Fragen nahtlos in deren Kompetenzbereich eingeordnet. Der Einsatz gerade dieser Hebel wurde maßgebend für die besonders rasche Akkumulierung von Finanzkapital. Ohne die massive — legale wie illegale — steuerliche Begünstigung, ohne ein für das Finanzkapital einmalig günstiges Bankgeheimnis, ohne die Eingliederung in den Funktionsmechanismus des internationalen Finanzkapitals wäre diese rasche Akkumulation besonders von zinsentragendem Finanzkapital während der siebziger Jahre undenkbar gewesen. Der Staat des Monopolkapitals hat damit gezielt die Akkumulation jener Kapitalform beschleunigt, in der die

Verwertungsfunktion des Kapitals besonders wucherisch, ja schmarotzerisch zutage tritt. Der Staat glich so aus, was dem österreichischen Großkapital an Konzentration gefehlt hatte. Das Kartell der schon vorher Österreich in Wahrheit beherrschenden Familien einiger Dutzend Superreicher wurde so vor allem mit Hilfe des Staates zu einem Kartell der Finanzoligarchie.

Dieser Staat selbst wurde zu einem Werkzeug im besonderen dieser Finanzoligarchie, die nur durch ihn diese Funktion voll erfüllen kann.

Gleichzeitig damit trat eine weitere Gewichtszunahme der ökonomischen Funktion des Staates ein. Eine ganze Reihe von Einzelheiten wurde bereits angeführt. Dennoch wird mancher diese Feststellung bezweifeln. Sie scheint im Widerspruch dazu zu stehen, daß schließlich die verstaatlichte Industrie, die verstaatlichten Banken viel weniger als vor zwei oder drei Jahrzehnten direkten staatlichen Bedürfnissen untergeordnet scheinen. Produktions- oder exportorientierte direkte staatliche Auflagen — wie sie noch lange Zeit während der Wiederaufbauperiode wirksam waren — gibt es so gut wie nicht mehr. Die „Freigabe des Kapitalmarktes" im Inneren wie gegenüber dem Ausland scheint der Behauptung direkt zu widersprechen, daß die ökonomische Funktion des Staates zugenommen habe.

Gerade letzteres führt zum Wesen der Sache: Unter den Bedingungen des Kapitalmonopols des Finanzkapitals über den Bankenapparat ist diese „Freigabe" in Wirklichkeit eine Beseitigung aller Schranken, die dem Finanzkapital eventuell noch gesetzt werden könnten. Der Staat sichert dieses Monopol im Inneren (zusammen mit den Mechanismen der Sozialpartnerschaft) und vertritt seine Interessen nach außen, gegenüber der internationalen Konkurrenz. Der mehrmals zitierte Peter Mooslechner verwendet einmal den Ausdruck „Bank Österreich". Das ist richtiger als ihm das selbst bewußt wurde. Eigentümer dieser Bank ist das Finanzkapital, an ihrer Spitze steht aber — die Regierung der Republik.

Das wird übrigens auch nach außen deutlich demonstriert: Wäre es etwa während der sechziger Jahre denkbar gewesen, daß ein Bundeskanzler Raab, Gorbach oder Klaus Staatsbesuche mit dem erklärten Ziel von Außenhandels- oder Kreditgeschäften verbunden und dazu gleich einen Rattenschwanz von bis zu mehreren Dutzend Wirtschaftsmanagern mitgenommen hätte?

Seit etwa Anfang der siebziger Jahre ist das durchaus üblich geworden. Dabei werden keineswegs nur Vereinbarungen über Großvorhaben realer wirtschaftlicher Zusammenarbeit abgeschlossen, sondern gleichzeitig auch die Lieferkredite, ja selbst Vereinbarungen über Vorfinanzierungen und langfristige Finanzkredite (in beiden Richtungen, wie etwa die Verhandlungen zur Finanzierung des Konferenzzentrums zeigten).

Bei dieser Verschmelzung von Staat und Spitzenmanagement der Wirtschaft auf höchster Ebene sind staatliche Eingriffe, Regulierungen und Maßnahmen auf niedriger Ebene keineswegs mehr in früherem Umfang nötig, um die Interessen des Finanzkapitals durchzusetzen.

In Verbindung damit hat der Einfluß der spezifischen Schicht des finanzkapitalistischen Managements innerhalb des staatsmonopolistischen Managements deutlich zugenommen. Das Beispiel der Ablösung Salchers als Finanzminister zeigte dies deutlich.

Eine Gewichtsverschiebung ist auch in der Stellung des Staates insgesamt eingetreten. Das politische Spitzenmanagement hat zweifellos eine stärkere relative Selbständigkeit gegenüber der gesamten Bourgeoisie erlangt. Dazu kommt die spezifische Struktur des österreichischen Finanzkapitals und die für dieses kennzeichnende weitgehende Anonymität. Die Spitzen der machtausübenden Klasse des Finanzkapitals treten viel weniger selbst in Erscheinung, als noch vor 15 oder 20 Jahren die damals mächtigsten Großkapitalisten in Österreich personifiziert werden konnten. Gegenüber der Finanzoligarchie ist diese Selbständigkeit des Staates natürlich relativ, ja sogar scheinbar. Gegenüber allen anderen Schichten der Bourgeoisie wird sie sehr real wirksam. Die Politik des Staates wird so immer stärker einseitig gerade von jener Schicht des Kapitals bestimmt, für die die Verwertungstendenz des Kapitals am unverhülltesten wirkt. Jede Hemmung durch Rücksichten auf vorher gegebene soziale Beziehungen und Verhältnisse, ja sogar die Abhängigkeit vom Verlauf des realen Reproduktionsprozesses des Kapitals wird abgeschwächt — bis sie sich gewaltsam, in Krisen und Erschütterungen, durchsetzen wird.

Das führt zu einer Reihe neuer Widersprüche beziehungsweise zu deren Verschärfung: Der Staat, der immer enger an die führende Schicht der Bourgeoisie, die Finanzoligarchie, gebunden ist, löst immer öfter und stärker Widerspruch bei anderen Teilen der Bourgeoisie und mit ihr traditionell verbundener Schichten (Kleinbürgertum) aus. Denken wir etwa an Bauern, Gewerbetreibende, aber auch an Teile der im realen Produktionsprozeß engagierten Bourgeoisie.

Das ist eine selbstverständliche Folge der widersprüchlichen ökonomischen Interessen zwischen dem Finanzkapital, besonders der Finanzoligarchie, und dem real fungierenden nichtmonopolistischen Kapital.

Gegenwärtig versucht vor allem die ÖVP-Politik diese Widersprüche auszunützen. Es muß dabei ganz klar ausgesprochen werden, daß natürlich diese Gewichtszunahme des Finanzkapitals auch erfolgt wäre, wenn 1970 nicht die Hauptverantwortung für die Regierung von der ÖVP auf die SPÖ übergegangen wäre. Vielleicht hätte es einige andere Nuancierungen, mehr Widerstand von seiten der Gewerkschaft gegeben. Natürlich hat eine SPÖ-Regierung, während deren Amtszeit in einem solchen Maß Finanzkapital akkumuliert werden konnte, mit Schritten in Richtung Sozialismus nichts zu tun. Auch hinter ÖVP und FP stehende Kreise des Finanzkapitals sind mit dieser Entwicklung höchst zufrieden. Nicht allerdings Gewerbetreibende, Bauern, kleine und mittlere Unternehmer. Daß dabei die ÖVP durch viele Jahre hindurch Maßnahmen im Interesse des Finanzkapitals, weil sie von einer SPÖ-Regierung durchgeführt werden, erfolgreich als Ergebnis eines angeblichen „Sozialismus" denunzieren kann, zeigt die besondere Wirksamkeit der Massenmanipulation in der jetzigen Phase des staatsmonopolistischen Kapitalismus.

Aber das eine ist die Manipulation, die nur die Widerspiegelung realer Gegebenheiten in den Köpfen der Menschen verzerren kann, und das andere sind diese realen Gegebenheiten selbst. Diese aber sind gekennzeichnet durch eine rasche Verschärfung des Widerspruchs zwischen der realen Lage der Arbeitenden (Pensionisten, Studenten usw.) sowie jetzt auch eines immer breiteren Spektrums der anderen gesellschaftlichen Schichten auf der einen Seite und dem Finanzkapital (mit allen seinen „Mitläufern") auf der anderen.

Es hat weder taktische noch personelle Ursachen, daß gegenwärtig schon durch mehrere Jahre gerade die SPÖ diesen Widerspruch am deutlichsten — und zwar sogar in den eigenen Reihen — spürt. Die Unterschiede in der gesellschaftlichen Situation der Spitzenmanager aus SPÖ- und Gewerkschaftsführung und der Masse der Arbeiterklasse mögen dabei nicht einmal größer, sondern eher geringer sein als der zwischen den (in der Mehrzahl natürlich hinter der ÖVP und zum kleinen Teil der FP stehenden) Familien der Finanzoligarchie und der Masse der Bauern, Gewerbetreibenden und Angestellten. Aber in der SPÖ gibt es, wenn auch stark verschüttet, immer noch Traditionen einer Arbeiterpartei. Von der SPÖ haben viele ihrer Wähler erwartet, daß diese sozialen Unterschiede verkleinert würden. Doch gerade in ihrer Regierungszeit ist besonders deutlich das Gegenteil eingetreten.

Dieser Widerspruch wird weiter wachsen. Vorerst gelingt es der SPÖ- und Gewerkschaftsspitze noch, den Erkenntnisprozeß dieser neuen Qualität der Ausbeutung und ihrer Mechanismen in der Arbeiterklasse zu hemmen, wenn nicht zu blockieren. Aber gerade dadurch wird das Finanzkapital immer unersättlicher. Schon Marx wies darauf hin, daß der Ausbeutungsgrad natürlich auch eine gesellschaftliche Komponente hat, die nicht zuletzt durch den realen Widerstand der Arbeiterklasse selbst bestimmt wird. Gegenwärtig wächst dieser Ausbeutungsgrad in solchem Maß, daß in den letzten Jahren wieder eine absolute Verschlechterung der Lage der Arbeiterklasse eingetreten ist. Damit nähern wir uns aber jener Grenze, bei deren Erreichen die Gewerkschaftsspitze im Rahmen der „Sozialpartnerschaft" ihre Rolle nicht mehr erfolgreich spielen können wird. Diese ist ja nur möglich, solange ihre Autorität gegenüber der Arbeiterklasse genügend groß ist, um sie von aktivem Kampf abzuhalten. Das geht nur, solange eine Übereinstimmung zwischen dem vom Kapital angestrebten Ausbeutungsgrad und der durch die Autorität der Gewerkschafts- und SPÖ-Spitze erreichbaren Bereitschaft der Arbeiterklasse zur Hinnahme dieses Ausbeutungsgrades möglich ist. Wird die Grenze überschritten und können größere Teile der Arbeiterklasse auch durch Manipulation und Autorität der Gewerkschaftsspitze nicht mehr zur kampflosen Hinnahme einer Verschärfung der Belastung gebracht werden, gerät das ganze System in Gefahr.

Einzelbeispiele lassen erkennen, wie sich die Gewerkschaftsspitze dieser Grenze nähert. Spontane Aktionen gegen Betriebsstillegung — oft sogar mit Teilerfolgen —, der Konflikt wegen der Arbeitsruhe am 8. Dezember 1984 in Salzburg u. a. beweisen dies.

Die wachsende Dominanz des Finanzkapitals hat beigetragen, die Gewichte im Rahmen der Sozialpartnerschaft zu verschieben. Die von der Unternehmerseite ins Treffen geführten angeblichen Sachzwänge können von in sozialpartnerschaftlichen Kategorien denkenden Gewerkschaftsvertretern nicht in Frage gestellt werden. Für sie ist die bestehende kapitalistische Gesellschaftsordnung ja im Grundsätzlichen unveränderbar. Erhoffte innere Wandlungsprozesse sind gerade in Richtung der Verstärkung des Finanzkapitals verlaufen und können nur in eine solche Richtung erfolgen. Das führt an sich zu keiner grundsätzlichen Veränderung der Sozialpartnerschaft, aber die Ebene, auf der die Kompromisse zustande kommen, verschiebt sich deutlich weiter zuungunsten der Arbeiterklasse — bis diese wieder selbst in die Entscheidungen einzugreifen beginnen wird.

Das Niveau, auf dem insgesamt die sozialpartnerschaftlichen Kompromisse zustande kommen, hat sich in den drei deutlichen Etappen verändert: Bis 1975 waren neben der Profitmaximierung trotz relativer Verschlechterung kontinuierliche absolute Verbesserungen für die Lage der Arbeiterklasse kennzeichnend. Bis 1980 folgte sodann eine Periode weiterer Profitsteigerung (allerdings immer einseitiger zugunsten des Finanzkapitals) bei einer allgemeinen Stagnation für die Arbeiterklasse. Seit 1980 nahm die Profitmaximierung dank der Hochzinspolitik weiter zu, jetzt aber schon fast ausschließlich für das Finanzkapital. Das real fungierende Kapital wälzte diesen Druck der Hochzinspolitik verstärkt auf die Arbeiterklasse ab. Mit Hilfe der Sozialpartnerschaftsmechanismen wurde die Lage der Arbeiterklasse seither auch absolut verschlechtert. Belastungspakete, Lohnabschlüsse unter der Inflationsrate und ab 1985 eine spürbare Verschlechterung bei den Pensionen kennzeichnen diesen Weg.

Besonders in dieser Auswirkung zeigt sich die direkte Verbundenheit des Staates und der Mechanismen der „Sozialpartnerschaft" mit den Interessen des Finanzkapitals.

Das alles weist darauf hin, daß Österreich am Beginn einer Periode steht, in der die Kumulierung neuer Widersprüche schließlich zu verschärften Konflikten führen wird.

Dabei entfernen sich die Formen der repräsentativen bürgerlichen Demokratie immer mehr von der Funktion, das geeignete Forum zur Gegenüberstellung und Artikulierung der realen Klasseninteressen der einzelnen Wählergruppen zu sein. Die als Sachzwänge getarnten Erfordernisse finanzkapitalistischer Profitmaximierung verhindern jetzt schon weitgehend, daß gewählte Mandatare die Interessen ihrer jeweiligen Wähler vertreten. Das gilt für Arbeiter genauso wie für Bauern, Gewerbetreibende usw. Formen der direkten Demokratie werden dabei nur ein vorübergehendes Ventil sein können. Sie sind unter der Wirkung der Medien insgesamt nicht weniger manipulierbar.

Die Alternative ist nicht durch eine Veränderung der Formen zu finden, sondern nur durch Zurückdrängung und Ausschaltung der Macht des Monopolkapitals, im besonderen der Finanzoligarchie, zu erreichen.

Dabei muß allerdings auch mit der Möglichkeit gerechnet werden, daß die Finanzoligarchie in ihrem vor nichts zurückschreckenden Profit- und Machtstreben auch wieder zur Methode faschistischer, terroristischer Machtausübung greifen wird. Die Arbeiterklasse wird sich unbedingt darauf einstellen müssen.

9. Kapitel

Fäulnis und Demoralisierung

Schon die ersten Untersuchungen der Herausbildung des Finanzkapitals vor 70 bis 75 Jahren deckten ein vorher unvorstellbares Ausmaß von Großschwindel, Gaunerei und Korruption auf. Hilferding wie Lenin führen zahlreiche Beispiele an. Zusammen mit der Tendenz zum unproduktiven Wucherkapitalismus ist das der Grund, warum Lenin die Periode des Monopolkapitalismus und Imperialismus als Periode des parasitären, verfaulenden Kapitalismus bezeichnet.

Diese Charakterisierung ist heute in besonderem Maß allgemein und auch für Österreich zutreffend. Auch dabei ist eine Weiterentwicklung feststellbar. Das weite Feld von Schwindelgründungen, überhöhten Gründergewinnen bei Aktiengesellschaften, auf das Lenin vor allem eingeht, existiert zwar, ist aber in den Hintergrund gedrängt worden durch „modernere" Methoden, aber auch durch Rückgriffe auf durchaus vorkapitalistische Formen von Käuflichkeit, Schmiergeldannahme und Bestechungen in großem Stil.

Die „modernen" Methoden können verschiedenartig sein. Weltweit bekannt wurde der große Krach des ersten großen internationalen Investmentfonds des Spekulations-„Genies" Bernard Cornfield Anfang der siebziger Jahre. Gutgläubigen Einzahlern in diese Mammutfonds (die in den ersten Jahren Superzinsen gezahlt hatten) hat dieser Krach schließlich einen Verlust in der Größenordnung von zumindest weit über einer Milliarde Dollar gebracht. Eine genaue Summe wurde nie bekannt. Auch wurde nie jemand für diesen Riesenschwindel ernstlich bestraft.

Das ist ja überhaupt kennzeichnend für diese „modernen" Methoden der Gaunerei: Standen am Anfang Schwindeleien bei der Gründung neuer Gesellschaften im Vordergrund, hat sich besonders während der jüngsten Krisenperiode gezeigt, daß die Haupteigentümer großer Unternehmen auch bei der Pleite ihrer Firmen weder zum Revolver greifen noch — mit seltenen Ausnahmen — ins Ausland flüchten müssen. (Wenn sie letzteres tun, dann sind wir aber schon soweit, daß zumindest die Mediensöldner des Finanzkapitals sich zum Beispiel einem Klimatechnik-Pleitier Tautner noch so verbunden fühlen, daß sie lange Stellungnahmen desselben in Österreich verbreiten.)

Im allgemeinen sind solche Pleiten kein Verlust, in manchen Fällen sogar noch eine zusätzliche Profitmöglichkeit für die Pleitiers. Die gesetzlichen Bestimmungen und teure Rechtsanwälte ermöglichen es ihnen längst, jeder Strafe zu entgehen. Sie beuten ihre Beschäftigten zuerst aus, werfen sie dann auf die Straße und betrügen durch den Bankrott auch ihre vertrauensvollen früheren Geschäftspartner — alles im Rahmen der Gesetze.

Beispiele ließen sich genügend aufzählen: Klimatechnik, Eumig, Bauknecht, die Funder-Plattenfabrik usw.

Das jüngste Musterbeispiel lieferte 1984 in der BRD der Bankrott der altrenommierten Zündapp-Zweiradwerke. Im Jahr 1982 hatte deren Eigentümer Neumeyer den Grundbesitz der Firma im Wert von 40 bis 50 Millionen DM aus dem Firmenvermögen in eine eigenständige Verwaltungsgesellschaft ausgegliedert. Keine zwei Jahre später war die Firma Zündapp bankrott. Nicht zuletzt weil nach der Ausgliederung des Grundbesitzes keine Besicherung weiterer Bankkredite mehr möglich war. Schulden der Firma in Höhe von 53 Millionen DM standen nur noch 26 Millionen DM Konkursmasse gegenüber. Die Verwaltungsgesellschaft für den Grundbesitz hat mit der Firma nichts mehr zu tun. Sie kann auch zur Deckung des Konkursschadens nicht herangezogen werden. Das Ergebnis ist: 700 Beschäftigte verlieren ihren Arbeitsplatz, die Gläubiger, die der „soliden" Firma Zündapp Geld kreditierten, werden 25 bis 30 Millionen DM verlieren — aber Herr Neumeyer hat weiter Grundbesitz im Wert von 40 bis 50 Millionen DM! So wie die Familie Funder in Kärnten weiter ihren Grundbesitz, ja sogar ihren Reitstall hat, die Brüder Bauknecht weiter reiche Leute sind.

Das alles unter voller Einhaltung der Gesetze!

Ein breites Feld riesiger Schwindeleien ist der Strom staatlicher Förderungsmittel unter dem Titel von Betriebsgründungen. Unter Berufung auf die Notwendigkeit der Schaffung neuer Arbeitsplätze wurden zum Beispiel von der österreichischen Regierung und der Gemeinde Wien einem der weltgrößten transnationalen Konzerne, den General Motors, ein Gesamtbetrag von mehr als drei Milliarden Schilling an Förderung gewährt. Aber in dem damit gegründeten neuen Betrieb wurde zu keinem Zeitpunkt die vorher versprochene Zahl neuer Arbeitsplätze wirklich erreicht. Dennoch mußte General Motors keinen Schilling der Förderung zurückzahlen.

Andere Fälle gehen nicht in Milliardenbeträge. Sie sind dafür oft noch aufreizender. Etwa die vielen Beispiele, daß Firmengründungen praktisch ohne eigenes Kapitel erfolgten, die Förderungen kassiert wurden und kurz darauf Arbeiter und Angestellte eines Tages vor verschlossenem Betriebstor standen, weil der Firmengründer mit dem noch vorhandenen Rest des Förderungsbetrages verschwunden war.

Dabei gab es sogar solche, die diese Gaunerei — natürlich in einem anderen Bundesland — noch wiederholten.

In dieser Atmosphäre wuchert natürlich auch die offene Wirtschaftskriminalität. Großbestechungen beim Wettbewerb um entsprechende Aufträge sind bestimmt nicht nur beim AKH- (Wiener Allgemeines Krankenhaus) Neubau erfolgt. Hier sind nur einige solcher Fälle aufgeflogen und vor Gericht gekommen. Daß bei einem solchen Korruptionssumpf nicht nur die öffentlichen Kassen, sondern vor allem auch das Objekt selbst geschädigt wird, beweist eben dieses AKH! Der Bau wurde in den fünfziger Jahren als notwendig erkannt. Man schätzte damals rund eine Milliarde Schilling Kosten. Bis heute ist es nicht fertig. Man hat seit Jahren zwei riesige Bettensilos stehen, die während des Baus schon umgeplant werden mußten und während des Betriebs jedenfalls gigantische Unkosten verursachen werden. Jetzt hofft man, in den neunziger Jahren bei derzeit geschätzten Gesamtkosten von 40 Milliarden Schilling fertig zu werden.

Wie man dann die Kosten für den laufenden Betrieb aufbringen kann, ja, wie hoch diese Kosten schließlich sein werden, weiß derzeit noch niemand. Aber das ist eigentlich kein Wunder: Wenn von der Planung bis zur einzelnen Auftragsvergabe nicht die betrieblichen Bedürfnisse und die Effizienz der gebotenen Leistungen, sondern die

Höhe der (in die Schweiz gezahlten) Provisionen maßgebend war, konnte es gar nicht anders kommen. Die mindestens 20 Milliarden unnötigen Mehrkosten zahlt sowieso der einfache Staatsbürger. Entweder als Steuerzahler oder als Patient über die Krankenkasse.

Selbst Bundespräsident Dr. Kirchschläger bezeichnete diese Zustände einmal als „Sümpfe und saure Wiesen", die man trockenlegen müsse. Aber diese Sümpfe und sauren Wiesen sind untrennbare Begleiterscheinungen des Vordringens des Finanzkapitals. Sie können nicht trockengelegt werden, ohne daß der Nährboden für die Versumpfung, nämlich das Finanzkapital, ausgeschaltet oder zumindest der Einfluß der Finanzoligarchie zurückgedrängt wird.

Diese Begleiterscheinungen der Entwicklung des Finanzkapitals wurden nicht nur von Lenin, sondern auch von dem österreichischen Sozialdemokraten Rudolf Hilferding sehr deutlich erkannt. Sein bildhafter Vergleich von der Rückkehr des Kapitalismus zum Wucherkapital sei hier zitiert (a. a. O. S. 306/307):

„Ein Kreislauf des Kapitalismus hat sich vollendet. Bei Beginn der kapitalistischen Entwicklung spielt das Geldkapital als Wucherkapital und als Handelskapital eine bedeutende Rolle... Dann aber beginnt der Widerspruch der ‚produktiven', das heißt der profitziehenden Kapitalisten, also der kommerziellen und industriellen gegen die Zinskapitalisten.

Das Wucherkapital wird dem Industriekapital untergeordnet... Die Mobilisierung des Kapitals und die stets stärkere Ausdehnung des Kredits ändert allmählich die Stellung des Geldkapitalisten vollständig. Die Macht der Banken wächst.

Sie werden die Gründer und schließlich die Beherrscher der Industrie, deren Profite sie als Finanzkapital an sich reißen, ganz wie einst der alte Wucherer in seinem ‚Zins' den Arbeitsertrag der Bauern und die Rente der Grundherren..."

Wir erleben gegenwärtig geradezu täglich alle abstoßenden Begleiterscheinungen der Unterordnung des real wirkenden unter das Wucherkapital.

Der große Irrtum Hilferdings kommt allerdings gegen Ende seiner Studie deutlich zum Ausdruck. Dort schreibt er (a. a. O. S. 514): „Schafft so das Finanzkapital organisatorisch die letzte Voraussetzung für den Sozialismus, so macht es auch politisch den Übergang leichter.

Die Aktion der Kapitalistenklasse selbst, wie sie sich in der imperialistischen Politik darstellt, weist das Proletariat mit Notwendigkeit auf den Weg selbständiger Klassenpolitik, die nur mit der schließlichen Überwindung des Kapitalismus überhaupt enden kann..."

Schon Lenin hat dazu klargestellt, daß Imperialismus nicht nur eine bestimmte Politik ist, sondern zum Wesen des Monopol- und Finanzkapitalismus gehört.

Hilferding selbst war aber Funktionär einer jener sozialdemokratischen Parteien, die vier Jahre nach Erscheinen seines Buches alles getan haben, um die Arbeiterklasse ihrer Länder von dieser Notwendigkeit einer selbständigen Klassenpolitik gegen den imperialistischen Krieg ihrer Finanzoligarchien abzuhalten. Lenin hat damals die Mechanismen und Methoden erkannt und analysiert, mit denen schon Jahre vor dem Erscheinen von Hilferdings Buch das Finanzkapital der höchstentwickelten imperialistischen Mächte begonnen hatte, die Führungsschicht der rechten Sozialdemokratie ihrer Länder so weit zu korrumpieren, daß sie bei Kriegsausbruch mehr oder weniger offen die Politik „ihres" jeweiligen Finanzkapitals unterstützte. Die Illusion, der auch Hilferding erlegen ist, die ökonomische Erleichterung des Übergangs zum Sozialismus mache automatisch auch den politischen Übergang leichter, wurde von Lenins Theorie über Staat und Revolution theoretisch und von der geschichtlichen Entwicklung grausam in der Wirklichkeit widerlegt. (Hilferdings Darstellung hat auch andere Schwachstellen: So untersucht er kaum die Rolle der Staatsschulden für das Finanzkapital, die selbst schon Marx bei der Behandlung des fiktiven Kapitals erwähnt hat. Lenin dagegen bezieht den anschwellenden Umfang der Staatsverschuldung in seine Untersuchung ein und analysiert auch den staatsmonopolistischen Kapitalismus.)

Die von Lenin festgestellte Korrumpierung einer Oberschicht der Arbeiteraristokratie und Arbeiterbürokratie durch das Finanzkapital hat in den seither verflossenen sieben Jahrzehnten eine neue Dimension erreicht. Heute ist die Spitze der rechten Sozialdemokratie nicht mehr nur unfähig gemacht, bei der Lösung der Aufgabe des Sturzes des Kapitalismus an der Spitze zu stehen. Die Korrumpierung ist bis zur Integrierung rechter Sozialdemokraten und Gewerkschaftsfunktionäre in die Macht- und Funktionsstrukturen des staatsmonopolistischen Kapitalismus selbst weiterentwickelt worden.

Damit haben auch alle Erscheinungen der individuellen Korrumpierung und Gaunerei bei vielen so in die Managerschicht der Finanzoligarchie „aufgestiegenen" ehemaligen „Arbeiterfunktionären" alle Traditionen proletarischer Sauberkeit und Moral über Bord gespült, die zum Beispiel für die Führungsschicht der österreichischen Sozialdemokratie noch lange Zeit kennzeichnend war, als sie schon eine rechte Politik machte. Gier nach persönlicher Bereicherung ließ alles andere in den Hintergrund treten.

Fallbeispiel einer solchen Persönlichkeit ist Hannes Androsch. Die erste sozialdemokratische Regierung in Österreich begann 1970 in seiner Person mit einem Finanzminister, der gleichzeitig beruflich eine Steuerberatungskanzlei betrieb. Während der ganzen Zeit seiner Ministerschaft (mehr als ein Jahrzehnt!) blieb er (über Treuhänder) Eigentümer dieser Kanzlei. Als Minister sollte er vom Kapital Steuern eintreiben, gleichzeitig half das ihm gehörende Steuerberatungsunternehmen den Kapitalisten, möglichst wenig Steuern zu zahlen. Natürlich wuchs diese Steuerberatungskanzlei während dieser Ministerschaft stürmisch. Wer hätte sich nicht darum gerissen, seine Bilanz mit dem Stempel jener Kanzlei abzudecken, von der jeder kleine Finanzprüfer wußte, daß sie seinem obersten Chef, dem Finanzminister gehörte!

Ein solcher Zustand widerspricht nicht nur allen Vorstellungen proletarischer Moral, er ist auch mit den einfachsten Vorstellungen bürgerlicher Anständigkeit unvereinbar. Aber für die Führung der österreichischen Sozialdemokratie war es ein Jahrzehnt lang tragbar. Als Androsch ausschied, wurde er an die Spitze der größten österreichischen Bank — mit entsprechendem Gehalt — gestellt. Und selbst dem früheren Bundeskanzler Kreisky — der diesem Zustand mehr als zehn Jahre lang zugesehen hatte — fielen erst nach seinem Rücktritt Worte der Kritik daran ein. (Auf die immer noch ungeklärte Frage, ob dieser Finanzminister während seiner Amtszeit auch selbst in großem Stil Steuern hinterzogen und eine Villa mit Schwarzgeld gekauft und ausgebaut hat, soll dabei gar nicht eingegangen werden.)

10. Kapitel

Möglichkeiten und Alternativen

Die Zunahme finanzkapitalistischer Profitaneignung verschärft alle Widersprüche des kapitalistischen Systems. Das gilt — wie schon erwähnt — auch für den inneren Widerspruch der SPÖ und der Gewerkschaftsbewegung, der spezifisch durch die besondere, „sozialpartnerschaftliche" Form des staatsmonopolistischen Kapitalismus in Österreich bedingt ist. Die durch dieses System bewirkte Einbeziehung der Spitzen dieser traditionellen, etablierten Arbeiterorganisationen in das politisch-gesellschaftliche wie auch ökonomische „Management" des Kapitalismus verändert deutlich auch die soziale Lage dieser Oberschicht. Aber die soziale Lage der großen Mehrheit der Mitglieder der SPÖ und besonders der Gewerkschaften wird durch die Auswirkungen des staatsmonopolistischen Herrschaftssystems und in den jüngstvergangenen Jahren besonders des vordringenden Finanzkapitals bestimmt. (Diese negativen Auswirkungen wurden in früheren Kapiteln bereits belegt und analysiert.)

Das ist eine der Ursachen für die in jüngster Zeit entstandenen und entstehenden neuen Formen des Protests und der Ablehnung. Dabei muß allerdings vor Illusionen gewarnt werden: Die lange währende Verschüttung des Klassenbewußtseins als Folge der Sozialpartnerschaftsideologie bewirkt, daß der Mehrheit der Arbeiterklasse der Widerspruch zwar spürbar, aber vorerst nicht bewußt ist. Die Unzufriedenheit und Protesthaltung hat daher zumeist spontanen, emotionellen Charakter, ist mit Illusionen verbunden und kann leicht in Richtungen manipuliert werden, die nicht dem gesellschaftlichen Fortschritt dienen.

Eine Richtung dieser ablehnenden Haltung kam und kommt innerhalb der SPÖ und in geringerem Maß auch innerhalb der Gewerkschaften zum Ausdruck. Aus dem „Unbehagen" in der Demokratie und innerhalb der SPÖ entwickelten sich während der siebziger Jahre zuerst sporadisch Gruppierungen um einzelne Fragen, etwa die

Gruppe „Für eine sozialistische Politik der SPÖ"[1], später eine stabilere Gruppe um die „Tribüne"[2]. Die persönliche Kandidatur Josef Caps bei der Nationalratswahl 1983 und die für alle überraschend hohe Vorzugsstimmenzahl für ihn war ein bestimmter Höhepunkt dieser Stimmung[3]. Bei aller Verschiedenartigkeit dieser Strömungen ist ihnen bisher noch der Wunsch und die Illusion gemeinsam, innerhalb der SPÖ eine Änderung erreichen zu können, die diese Partei wieder zu einer sozialistischen Politik zurückführen könnte. Dies läßt aber die objektive Tatsache der vollen Einbindung der SPÖ-Spitze in das herrschende System des staatsmonopolistischen Kapitalismus außer acht. Solange Linke in der SPÖ das nicht klar erkennen, aussprechen und damit die Massen sozialistischer Arbeiter gegen diese Politik, ja gegen die derzeitige Rolle ihrer Führung in Bewegung bringen, helfen sie objektiv (in manchen Fällen auch subjektiv) eben dieser Führung, die Politik der Mitwirkung beim Vordringen des Finanzkapitals fortzusetzen. Das galt besonders auch für die Kandidatur Caps.

Ein immer größerer Teil der Bevölkerung, vor allem die neu heranwachsenden Generationen haben keine emotionelle Verbundenheit mehr mit der positiven Vergangenheit der Sozialdemokratie. Sie sehen und spüren nur die abstoßenden Folgen ihrer derzeitigen Rolle im Rahmen des staatsmonopolistischen Kapitalismus. Sie werden daher auch von diesen linken Kräften innerhalb der SPÖ nicht mehr angesprochen. Als Folge der langen, entsolidarisierenden Wirkung der Sozialpartnerschaftsideologie und der allgemeinen antikommunistischen Manipulation sind sie auch noch nicht in größerer Zahl für die klare gesellschaftspolitische Alternative zu gewinnen, die die KPÖ zeigt.

---

[1] „Für eine sozialistische Politik der SPÖ"=eine 1974 erschienene Broschüre eines größeren Kreises linker Sozialisten, von denen ein Teil auch heute noch linke Positionen vertritt, mehrere aber später in die Politik der Sozialpartnerschaft integriert wurden, in der sie — bis in die Regierung — Funktionen ausüben (Ferdinand Lacina, Erich Schmidt, Thomas Lachs u. a.).

[2] „Tribüne"=eine seit 1977 unregelmäßig erscheinende Zeitschrift linker Sozialisten.

[3] Josef Cap wurde wegen Kritik an Privilegien des burgenländischen SPÖ-Landeshauptmanns Theodor Kery nicht in den SPÖ-Vorstand gewählt und anschließend nur an aussichtsloser Stelle in den Wahlvorschlag der Wiener SPÖ genommen. Nach einer entsprechenden Kampagne erhielt er aber 62.000 Vorzugsstimmen (mehr als die doppelte erforderliche Anzahl) und wurde so direkt in den Nationalrat gewählt.

Das war mit Voraussetzung für die seit einigen Jahren auch in Österreich entstehenden vielfältigen spontanen Initiativen, Bewegungen und Gruppen gegen einzelne Auswirkungen dieser Politik. Auf weltanschaulich zumindest diffuser, oft widersprüchlicher, ja auch reaktionärer Grundlage haben sich solche Gruppen als sehr sensibel gegenüber neuen, aber auch alten negativen Auswirkungen des staatsmonopolistischen Kapitalismus erwiesen, allerdings am geringsten in den Fragen der unmittelbaren Ausbeutung der Arbeiterklasse und der Ausplünderung aller Arbeitenden durch das Finanzkapital. Aber das Problem der Zerstörung der Umwelt, der Frauen-, Jugend- und Minderheitenfeindlichkeit, der Korruptions- und Privilegienwirtschaft, der Gängelung des künstlerischen Lebens durch Borniertheit und Spießertum u. v. a. wurden durch solche neue soziale Bewegungen aufgegriffen und bewußt gemacht.

In der entscheidenden Frage des Kampfes gegen die drohende atomare Vernichtung der Menschheit wurde diese Massenenergie des spontanen Protests in Bündnis mit Teilen der Arbeiter- und der christlich-humanistischen Bewegung zu einer gesellschaftlich wesentlichen Kraft.

In Fragen des Umweltschutzes erreichten diese Begegnungen sichtbare Haltungsänderungen der in das Sozialpartnerschaftssystem eingebundenen Parteien.

In anderen aufgegriffenen Fragen hat die widersprüchliche ideologische Grundlage dieser Initiativen diese Energien bisher kaum wirkungsvoll werden lassen. Die finanzkapitalistische Praxis der Ausbeutung macht diese zwar drückender, aber doch schwerer durchschaubar. Der Lernprozeß innerhalb dieser neuen sozialen Bewegungen wird dadurch erschwert. Innerhalb der jüngeren Generationen führt dies zu einem Anwachsen irrationaler, ja religiöser Geisteshaltungen. Die einzig mögliche rationale Alternative zur Herrschaft des Finanzkapitals, der Sozialismus, ist durch den Antikommunismus so verteufelt, daß oft nach Alternativen überhaupt zum Rationalismus gesucht wird.

Der größte Teil dieser neuen sozialen Bewegungen erschöpft sich bisher in der Ablehnung von Auswirkungen. Auch die in den letzten Jahren mehr und mehr eingeschlagene Orientierung auf Vertretung in parlamentarischen Körperschaften hat aus wahltaktischen Überlegungen zu Tendenzen gegen klarere ideologische Festlegungen geführt.

Ernsthafte Versuche einer Analyse der Ursachen, um zu einer gesellschaftspolitischen Therapie vorstoßen zu können, fehlen in Österreich in diesen Kreisen daher meist.

Eine solche kann nur auf der Grundlage des wissenschaftlichen Sozialismus erfolgen. Dieser Anforderung wird das 1982 beschlossene Programm der KPÖ gerecht.

„Das geschichtliche Ziel der Arbeiterbewegung ergibt sich nicht aus dem Bewußtseinsstand in diesem oder jenem historischen Augenblick. Es folgt aus der objektiven Stellung der Arbeiterklasse in der Gesellschaft...", heißt es dort. Und an anderer Stelle: „Ein Erfolg der Arbeiterklasse ist nur zu erringen, wo bestehende und neu entstehende Bedingungen des Klassenkampfes analysiert und die Ergebnisse im Klassenkampf angewendet werden." (Programm der KPÖ, S. 26/27 und S. 57.)

Das erfordert vor allem auch Aufklärung über das Vordringen finanzkapitalistischer Ausbeutung und Profitaneignung in Österreich. Nur die Kenntnis der Zusammenhänge hinter den als angebliche „Sachzwänge" getarnten Mechanismen des Finanzkapitals kann die Arbeiterklasse befähigen, sich dagegen zur Wehr zu setzen. Hier gibt es keinen Automatismus. Im Geist sozialpartnerschaftlicher Kumpanei haben bisher auch jene Institutionen der Arbeiterorganisationen, deren Pflicht dies fordern würde, die Aufklärung über das Finanzkapital vermieden. Selbst wirtschaftspolitische Fachleute der Arbeiterkammer und der Gewerkschaften, die Informationen in dieser Richtung haben, lehnen deren öffentliche Verwendung ab. Zum Teil berufen sie sich auf die Gefahr, sich dadurch den Zugang zu solchen Informationen für die Zukunft zu verschütten. Bei manchem spielt aber auch die Überlegung eine Rolle, daß der persönliche Aufstieg in die „inneren" Gremien der sozialpartnerschaftlichen Bürokratie und damit in die herrschende Managerschicht vom „Wohlverhalten" gerade in solchen heiklen Fragen abhängt.

Für uns Kommunisten steht dennoch die Aufgabe, neben der eigenen Aufklärung den Druck auf Gewerkschaften und Arbeiterkammern in dieser Richtung zu verstärken.

Gerade gegenüber dem Finanzkapital gilt die Feststellung des Programms der KPÖ:

„Kommunisten halten es für ihre ureigenste Pflicht, der Arbeiterklasse und allen Opfern des staatsmonopolistischen Systems die Gemeinsamkeit wichtiger Interessen bei allen Unterschieden, ihren unversöhnlichen Gegensatz zum Macht- und Profitstreben des Großkapitals bewußt zu machen". (Programm der KPÖ, S. 58.)

Das ist nur möglich, wenn wir immer wieder die Rolle des Finanzkapitals als Verwirklichung des Kapitalmonopols in Österreich aufzeigen. Die Riesenprofite des Finanzkapitals enthüllen, die Methoden bloßlegen, mit denen das Finanzkapital seine Profite aus der Arbeiterklasse und aus allen nicht zum Finanzkapital gehörenden und mit ihm direkt verbundenen Bevölkerungsschichten heraussaugt, lenkt direkt in antimonopolistische Richtung. Selbst unmittelbare sozialökonomische Auseinandersetzungen können nur erfolgreich geführt werden, wenn wir immer auf das hinter dem direkten Widerpart (Unternehmer, öffentliche Körperschaften usw.) stehende Finanzkapital verweisen, auf die superreichen Familien der in- und ausländischen Finanzoligarchie. Das gibt solchen Kämpfen antimonopolistischen Charakter und ist außerdem die einzige Möglichkeit, das Argument der angeblich fehlenden finanziellen Möglichkeit (für Lohnerhöhungen, Erhaltung und Ausbau sozialer Leistungen, Pensionen usw.) zu widerlegen.

Hauptadressat ist dabei die Arbeiterklasse. Aber der Charakter der finanzkapitalistischen Ausbeutung gibt gleichzeitig neue Möglichkeiten (und Notwendigkeiten) antimonopolistischer Bündnispolitik. Für viele Gewerbetreibende, Bauern, kleine Geschäftsleute verschlechtert das Finanzkapital ständig ihre Lage. Die „neuen Aufsteiger", um die sich die etablierten Parteien gegenwärtig besonders bemühen (Sinowatz erinnerte sie in seiner Parteiratsrede 1984 sogar daran, daß sie ja eigentlich alles der SPÖ „verdankten"), dürfen uns diese traditionellen werktätigen Mittelschichten nicht übersehen lassen.

Es muß sogar die Überlegung angestellt werden: Der österreichischen Finanzoligarchie, die engstens mit dem internationalen Finanzkapital verbunden ist (das, wie gezeigt, einen ständig wachsenden finanzkapitalistischen Tribut aus der österreichischen Wertschöpfung zieht), steht ja auch die übrige traditionelle österreichische Bourgeoisie gegenüber, mittlere und kleinere österreichische Kapitalisten, die nicht diesem Kapitalkartell, dem Machtapparat des Finanzkapitals mit seinen ausländischen Verbindungen, angehören. Selbst ihnen steht dieser Apparat einschließlich der Regierung und der Sozialpartnerschaftsgremien als fremde Gewalt gegenüber. Wenn sie über zu hohe Steuerbelastung, über das Anwachsen der Staatsquote usw. klagen, dann entspricht das ihrer Erfahrung aus ihrer eigenen konkreten Lage. Die Hochzinspolitik der USA (an der auch das österreichische Finanzkapital mitpartizipiert), trifft auch diese Kreise. Der schleichende Netto-Kapitalabfluß ins Ausland belastet auch die in Österreich im realen Reproduktionsprozeß fungierenden Kapitalisten.

Solche Überlegungen sind berechtigt. Die österreichische Bourgeoisie hat in der Vergangenheit auch ihre langfristigen Interessen am besten gewahrt, wenn sie sich aus der vollen Unterordnung unter das ausländische Großkapital (auch in Zeiten, als dieses übermächtig schien) etwas gelöst hat. Das war ja auch die Linie, mit der sie unter der Führung Raabs den Weg zum Staatsvertrag beschritten hat. Patriotische Tendenzen sind also in diesem Teil der Bourgeoisie denkbar.

Dennoch muß vor Illusionen gewarnt werden: eine antiimperialistische, nationale Bourgeoisie wird der übergroße Teil der österreichischen Bourgeoisie nicht werden. Stärker als in Entwicklungsländern, ja auch den sogenannten Schwellenländern, hat der österreichische Bourgeois die Möglichkeit, auch selbst neben oder sogar statt seiner Kapitalveranlagungen im Reproduktionsprozeß auf die Finanzmärkte auszuweichen.

Das breite Angebot, durch entsprechende Finanzanlagen auch selbst Nutznießer dieser finanzkapitalistischen Profitaneignung zu werden, macht es wenig wahrscheinlich, daß sich hier eine stärkere patriotische Richtung innerhalb der Bourgeoisie herausbilden wird, die mit einer antiimperialistischen nationalen Bourgeoisie verglichen werden könnte.

Aber es gibt Fragen, in denen es sehr wohl echte ökonomische Interessenskonflikte zwischen diesen beiden besonderen Typen innerhalb der Gesamtbourgeoisie kommen kann und muß. Hier gibt es selbst mit solchen Kreisen Bündnismöglichkeit.

Die Grundtendenz solcher selbst vorübergehender Bündnisse gegen das Finanzkapital ist jedenfalls antimonopolistisch.

Von besonderer Bedeutung ist die Herausarbeitung solcher Alternativen und Vorschläge, um die Aktionseinheiten und antimonopolistische Bündnisse gebildet werden können. Dazu gehört auch die

Zerschlagung der Tarnung finanzkapitalistischer Profitaneignung als angebliche den Staat, Unternehmer wie Lohnabhängige gleich drückende Sachzwänge.

Ökonomische und soziale Forderungen müssen so formuliert werden, daß ihre Erfüllung möglichst direkt zu Lasten der Profite des Finanzkapitals geht. Das ist z. B. bei der Verteidigung von Arbeitsplätzen und Betrieben dadurch möglich, daß in den Mittelpunkt aller Überlegungen und Konzepte die Frage der ungerechtfertigten Zinsenbelastung gestellt wird. Diese ist ja — ganz gleich, ob es um einen verstaatlichten oder privaten Betrieb geht — fast immer eine Hauptursache der Schwierigkeiten der real tätigen Unternehmungen.

Wichtige Forderungen im Sinne unmittelbarer Bündnispolitik sind solche nach Entschuldungsaktionen zugunsten vom Finanzkapital besonders belasteter Schichten, wie Gewerbetreibende, Bauern u. a.

Bei Auseinandersetzungen um Lohn- und betriebliche Sozialfragen stehen Arbeiter und Angestellte den Unternehmern (beziehungsweise deren Interessenvertretern) gegenüber, in deren Betrieben sie arbeiten. Dabei ist es schwer, Forderungen gezielt an das Finanzkapital zu adressieren. Dieses steht ja hinter den Unternehmern und tritt, soweit es nicht durch Personalunion mit ihnen identisch ist, diesen in heftigstem Wettbewerb bei der Aufteilung der aus den Arbeitenden herausgeholten Profitmasse gegenüber. Hier kann der Kampf der Arbeiterklasse nach wie vor primär nur um eine andere Aufteilung zwischen Lohnanteil und gesamter Profitmasse geführt werden.

Durch die volle Unterordnung der zentralen staatlichen oder „sozialpartnerschaftlichen" wirtschafts-, finanz- und sozialpolitischen Entscheidungen unter die Interessen des Finanzkapitals gewinnen diese Entscheidungen auch für die Arbeiterklasse besondere, ja eine qualitativ neue Bedeutung. Auch auf dieser Ebene muß sich die Arbeiterklasse wirksam gegen das Finanzkapital zur Wehr setzen und Voraussetzungen für antimonopolistische Bündnisse schaffen.

Wirtschafts-, finanz- und sozialpolitische Gesetze, vor allem aber die öffentlichen Haushalte und insbesondere die Budgetpolitik des Bundes sind Hauptinstrumentarium der Profitmaximierung und Herrschaftsausübung des Finanzkapitals.

Der Arbeiterklasse, ja auch den anderen im realen Reproduktionsprozeß wirkenden Gesellschaftsklassen und Schichten ist diese neue

Qualität vor allem der staatlichen Budgetpolitik nicht bewußt. Die überwältigende Mehrheit der Österreicher verbindet mit dem Begriff der öffentlichen Haushalte nach wie vor Vorstellungen, es gehe dort nur um die Aufteilung der Steuergelder zwischen Personalkosten, Bundesbahnen-Defizit, Sozialausgaben, Bundesheer, Straßen- und Wohnungsbau, Wirtschaftsförderung u. ä. Kritisch Denkende beziehen die Frage der klassenmäßigen Aufteilung der Steueraufkommen mit ein.

In Wirklichkeit ist aber die gesamte Finanz- und Budgetpolitik (und alle dazugehörenden Gesetze) wichtigster Hebel zur treibhausmäßigen Vermehrung der Profite und der Akkumulation von Finanzkapital geworden.

Das gilt vom Bundesbudget angefangen über die Länder bis zu den Gemeindebudgets. Letztere sind, in Österreich über den Finanzausgleich, voll von der Steuerpolitik des Bundes abhängig, damit Opfer des Steuerprivilegs des Finanzkapitals. Mit rund 100 Milliarden Schilling verschuldet, sind sie überdies ein Hauptträger der laufenden Milliarden-Zinsenleistungen an das Finanzkapital und dadurch kaum mehr in der Lage, wichtigste Aufgaben für ihre Bewohner zu erfüllen.

Allen interessierten Werktätigen, Funktionären der Arbeiterklasse, ja überhaupt der ganzen Öffentlichkeit diese neue Funktion der Budgetpolitik bewußt zu machen, wäre schon ein entscheidender Schritt auf dem Weg zur Erschwerung und schließlichen Abwehr dieser Offensive des Finanzkapitals.

Gerade auf diesem Feld erhalten ökonomische Forderungen zwangsläufig politischen Inhalt.

Auf diesem Gebiet können dann auch solche Forderungen formuliert, solche Strategien entwickelt werden, die durch ihre Zielrichtung gegen das Finanzkapital der Anforderung antimonopolistischer Orientierung des Programms der KPÖ entsprechen.

Dazu gehört u. a. die notwendige grundlegende Umorientierung der gesamten Steuerpolitik.

Unmittelbar geht es vor allem um eine ganz einfache, nächstliegende und dennoch für viele sicher überraschende Frage: Das Finanzkapital muß endlich zumindest entsprechend den geltenden Gesetzen zur Steuerleistung herangezogen werden. Diese Forderung sollte in jedem Rechtsstaat selbstverständlich sein.

Sie wurde aber selbst in Verbindung mit der Zinsenertragssteuer nicht einmal gestellt. (Das ist auch der Hauptgrund für deren Vermurksung.) Erinnern wir uns: Alle Zinsenerträge mit Ausnahme des Freibetrags von 10.000 Schilling, bis 1983 sogar nur 7000 Schilling, jährlich pro Person sind dem Gesetz nach zu versteuern. Und zwar nach dem Einkommensteuersatz, der für das jeweilige Gesamteinkommen des Steuerpflichtigen gilt. Für Großanleger ist das ein Satz zwischen 50 und 62 Prozent.

Die Erfassung dieses Zinsenertrags ist durchaus möglich. Das einzige wirkliche Problem besteht darin, daß bisher — ich behaupte: bewußt — diese Frage mit einer vollständig ungerechtfertigten Besteuerung auch aller echten Sparzinsen, die zum Beispiel gegenwärtig nicht einmal den Inflationsverlust abgelten, verquickt wurde.

Hier sei nur ein Denkmodell angeführt, wie beides ohne größere zusätzliche Administrationsmaßnahmen erreicht werden könnte:

Als wichtigste Maßnahme zur Ausgrenzung der echten Sparzinsen müßten jedenfalls die Freigrenzen für Zinsenerträge entsprechend der Geldentwertung pro Person noch weiter erhöht werden. Ebenso müssen die Freigrenzen für Erbschaftssteuer und Vermögenssteuer für persönliches Vermögen angehoben werden.

Für den normalen Sparer (schon im weitesten Sinn) würde dadurch jeder Grund entfallen, sich für die Aufrechterhaltung des Bankgeheimnisses manipulieren zu lassen. Ohne das Bankgeheimnis könnten aber sofort alle Großeinlagen erfaßt und entsprechend den jeweiligen Sätzen besteuert werden.

Aber selbst bei Aufrechterhaltung des Bankgeheimnisses könnte durch eine echte Quellensteuer (die eine Vorauszahlung auf die normale Einkommen-, ja auch Lohnsteuer wäre) eine v o l l e Besteuerung durchgesetzt werden. Der Steuersatz dieser Quellensteuer müßte dann bei der Obergrenze der Einkommensteuer liegen.

Jeder Einkommensteuerpflichtige braucht nur diese Zinseneinkommen tatsächlich in die Einkommensteuererklärung aufnehmen und kann dann mit einfacher Bank- oder Sparkassenbestätigung über die Höhe der Quellensteuer diese z u r G ä n z e von seiner Steuer abziehen. Hat er (wegen der Höhe des Quellensteuersatzes oder wegen Nichtüberschreitung der Freigrenze pro Person) m e h r Quellensteuer entrichtet, als er überhaupt Einkommensteuer zu zahlen hat, dann erhält er den Mehrbetrag bar zurückerstattet.

Für Lohnsteuerpflichtige könnte die Lösung noch einfacher sein: Sie können die Belege über die einbehaltene Quellensteuer so wie jetzt schon den Lohnsteuerausgleich beziehungsweise zusammen mit diesem dem Finanzamt einsenden und erhalten den steuerfreien Zinsenbetrag (unter Berücksichtigung der versorgten Personen) zur Gänze bar zurückerstattet. In den wenigen Fällen, wo ein über die Freigrenze hinausgehender Zinsenbetrag verbleibt, wird dieser mit dem entsprechenden Grenzsteuersatz versteuert und der Rest auf die einbehaltene Quellensteuer ebenfalls zurückgezahlt.

Damit könnten durch die höheren Freigrenzen Spareinlagen bis zu 300.000 Schilling je Person frei von jeder Besteuerung der Zinsenerträge bleiben. Eine echte Ausgrenzung der Sparer im weitesten Sinn wäre so gewährleistet.

Die wirklichen Großanleger aber wären gezwungen, ihre Zinsengewinne endlich in ihre Einkommensteuererklärung aufzunehmen, da sie ja sonst auf j e d e n Fall den Höchstsatz von 62 Prozent Einkommensteuer zu zahlen hätten.

Die vorher berechneten Zinsengewinne der Großanleger lassen erkennen, daß durch eine solche Erfassung dieser Gewinne durch die Einkommensteuer jedenfalls rund 30 Milliarden Schilling zusätzlich an Einkommen- und Vermögenssteuer dem Staat zufließen würden.

Selbst in der bürgerlichen Wirtschaftspresse wird seit Jahren über die Benachteiligung des „Risiko"-Kapitals in Österreich gejammert. Aber die g r ö ß t e Benachteiligung wird dabei nicht erwähnt. Daß nämlich der Kapitalist, der sein Kapital dem „Risiko" der direkten Veranlagung im Reproduktionsprozeß „aussetzt", schließlich doch eine bestimmte (wenn auch durch Begünstigungen reduzierte) Einkommensteuer zahlen muß, der Finanzkapitalist diese Steuer aber weitgehend unterschlägt und dabei vollständig straflos bleibt.

Die hier als Denkmodell[4] entwickelte Lösung würde endlich diese

---

[4] Diese vom Ansatz her sauberste und konsequenteste Lösung wird deshalb als Denkmodell bezeichnet, weil sie beim heutigen Bewußtseinstand über Umfang und Wirken des Finanzkapitals kaum schon von wesentlichen Teilen der Arbeiterklasse aufgegriffen werden dürfte. Auch das ist eine Folge des Fehlens grundsätzlicher Aufklärung über das Wesen des Finanzkapitals. Das jahrelange Tauziehen um die Zinsertragssteuer läßt allerdings die Forderung nach einer wesentlich höheren Quellensteuer (als gegenwärtig die Zinsertragssteuer beträgt) mit höheren Freibeträgen für deklarierte Sparbücher als reale und durchsetzbare Forderung erscheinen.

entscheidende (und selbst nach bürgerlicher Wirtschaftstheorie volkswirtschaftlich ungerechtfertigte) Bevorzugung des Finanzkapitals vor dem sogenannten Risiko-Kapital beseitigen und vor allem die jetzt künstlich herbeigeführte angebliche „Interessengemeinschaft" der Sparer und des Finanzkapitals gegen jede Form der Erfassung der Zinseneinkommen durch die Steuer beseitigen.

Gleichzeitig wäre das zusätzliche Steueraufkommen eine echte Entlastung des Budgets.

Dieser größer gewordene Budgetspielraum könnte eine mittelfristige Budgetsanierung bei g l e i c h z e i t i g e r Senkung der Massensteuern und Sicherung der sozialen Entwicklung ermöglichen. Hauptgewicht wäre dabei auf ein über mehrere Jahre angelegtes Konzept zur Verringerung der Abhängigkeit vom Finanzkapital zu legen. Nur wenn der Staat die Nachfrage nach neuen Anleihen und Krediten stark reduziert, wird dem Finanzkapital der Ausweg versperrt, die Besteuerung seiner Profite durch eine weitere Erhöhung der Zinsen „auszugleichen". Die öffentlichen Haushalte könnten so (in einigen Jahren) wieder in die Lage versetzt werden, daß die jetzt als Zinsen an das Finanzkapital gehenden Beträge wieder für echte Leistungen verwendet werden könnten.

Damit fällt auch der Einwand, durch eine normale Besteuerung der finanzkapitalistischen Profite würde der Kapitalmarkt „austrocknen". Eine drastische Reduzierung der öffentlichen Kreditnachfrage würde dazu führen, daß nicht einmal das verbleibende Kapitalangebot aufgenommen würde. Ein bestimmtes Kapitalangebot bleibt ja auf jeden Fall schon durch die laufenden Rückzahlungen alter Anleihen und Kredite. Wenn keine andere Möglichkeit (vor allem keine Kapitalfluchtmöglichkeit ins Ausland) bleibt, würden diese Beträge auch zu niedrigeren Zinsen angelegt werden.

Wichtig wird dabei sein, den Kapitalabfluß ins Ausland tatsächlich zu stoppen. Dagegen gibt es allerdings auch heute schon gesetzliche Möglichkeiten. Sollte dabei das geltende gesetzliche Erfordernis einer Bewilligung durch die Nationalbank nicht ausreichen, müßten auch gesetzgeberische Änderungen erfolgen. Selbst größere kapitalistische Staaten (wie Japan und jüngst erst Frankreich) haben immer wieder Methoden straffer Devisen- und Kapitalkontrollen angewandt, wenn die eigenen volkswirtschaftlichen Interessen es erforderten. Allerdings reichen in Wirklichkeit auch die bestehenden Gesetze, um keinerlei Kapital- oder Gewinntransfer aus Österreich zuzulassen, wenn nicht vorher alle Steuern tatsächlich geleistet wurden.

Wird für die aktiv im Reproduktionsprozeß tätigen Kapitalisten die Verlegung ihres Kapitals in die finanzkapitalistische Sphäre weniger attraktiv, wird selbstverständlich auch die „Investitionslust" wieder zunehmen. (In gleicher Richtung wirkt eine Senkung des Zinsenniveaus.) Die eklatante ungezielte Steuerbegünstigung des Kapitals, die dennoch zu k e i n e r „Investitionsstimmung" geführt hat, könnte daher sofort beendet werden.

Das erleichtert überdies die Durchführung der längst notwendigen sozialen Reform der Gesamtbesteuerung.

Hauptinhalt müßte dabei die Senkung der Mehrwertsteuer nach sozialen Gesichtspunkten sein. Ebenso die Anpassung der Lohnsteuerprogression an den heutigen Geldwert. Die Grenzsteuersätze müßten im mittleren Bereich grundlegend geändert werden, damit nicht länger mittlere Verdienste von 12.000 bis 15.000 Schilling brutto mit einer Progression belastet werden, die vor 20 Jahren für überdurchschnittlich hohe Einkommen festgelegt worden ist. Diese Anpassung müßte weiterhin laufend vorgenommen werden.

Hauptaufgabe ist dabei allerdings: In jeder Auseinandersetzung muß den Beteiligten die Rolle des Finanzkapitals klargemacht werden. Die Gewerkschaftsbewegung und die bewußten Teile der Arbeiterklasse insgesamt müssen die Zusammenhänge erkennen. In jedem Betrieb, in jeder Gemeinde, in jedem politischen Forum muß aus der Analyse der konkreten Situationen der Weg erkennbar werden, wie die Arbeiterklasse und die anderen nicht mit dem Finanzkapital verbundenen Schichten sich am besten gegen diese Ausbeutung und Ausplünderung durch das Finanzkapital zur Wehr setzen können.

* * *

In dieser Untersuchung konnte auf einige wichtige theoretische Aspekte des Finanzkapitals in Österreich nicht oder nur am Rande eingegangen werden. Sie ist ein Anfang, kein Abschluß. Daß sich zu wichtigen Problemen fundierte Schlüsse aufzwingen, zeigt: Die Untersuchung des Finanzkapitals, seines Anwachsens und seiner Mechanismen ist dringend notwendig geworden.